Adolf Lasson

Das Gedächtnis

unikum

Adolf Lasson

Das Gedächtnis

ISBN/EAN: 9783845744827

Erscheinungsjahr: 2012

Erscheinungsort: Bremen, Deutschland

www.unikum-verlag.de | office@unikum-verlag.de

Adolf Lasson

Das Gedächtnis

Das Gedächtnis.

Von

Adolf Lasson.

Berlin 1894.
R. Gaertners Verlagsbuchhandlung
Hermann Heyfelder.
SW. Schönebergerstrasse 26.

Die folgende Studie versucht in gedrängtem Umriss eine Reihe von einleitenden Betrachtungen zur Metaphysik zu geben. Sie behandelt im wesentlichen die Begriffe von Einheit und Identität; da sie aber die Erörterung an die psychologische Erscheinung des Gedächtnisses anknüpft, so hat sie von diesem den Namen erhalten. Man hat sich wieder daran gewöhnt, das Geistesleben des Menschen als eine ganz besondere Einrichtung zu betrachten, die mit der Natur der Dinge nichts weiter gemein habe, und die uns deshalb nur gestatte, die Erscheinung der Dinge zu erkennen, wie sie sich als Folge dieser unserer beschränkten Anlage darstelle, während die eigene Natur der Dinge uns ewig verhüllt bleibe. Im Gegensatze zu dieser Anschauungsweise möchten wir in diesen Betrachtungen gerade dies als die wichtigste aller Erkenntnisse festhalten, dass unsere geistige Anlage in vollständiger Harmonie mit der Welt des Ansichseienden steht, dass es nicht bloss für uns keine andere Objektivität giebt, als eine solche, die mit den Formen und Gesetzen unseres Geisteslebens übereinstimmt, sondern dass auch die Vorstellung einer an sich bleibenden, unserem Erkennen ewig unzugänglichen Welt den gröbsten Widerspruch enthält und in wirklichem Denken unvollziehbar ist. Um diesen Satz in möglichster Anschaulichkeit und Deutlichkeit vorzutragen, schien uns das Gedächtnis der angemessenste Anknüpfungspunkt zu sein. Dieses grundlegende Phänomen alles geistigen Lebens erweist sich bei näherer Betrachtung als völlig übereinstimmend mit den letzten Voraussetzungen dafür, dass überhaupt etwas ist, überhaupt etwas sich im Sein erhält und behauptet und als Objekt für ein denkendes Wesen festgehalten werden kann. Dass man sich aber ein

Seiendes vorstellt, dem alle Formen und Gesetze unseres Denkens fremd sind, auf das keiner der Stammbegriffe unseres Erkenntnisvermögens anwendbar ist, das scheint so gar keinen Sinn zu haben, dass im Ernste darüber zu streiten verlorene Mühe wäre. Es ist eine offenbar widersinnige Anforderung, im baren Ernste sich ein Objekt zu denken, das schlechterdings nicht gedacht werden kann. Jedes sogenannte Ding-an-sich ist Gedachtes, ist Objekt des Denkens, oder es ist gar nichts, eine leere Hülse und eine blosse Redewendung. Ist es aber gedacht und Objekt, so ist es auch nicht mehr bloss an sich, sondern für uns, und muss gedacht werden, wie eben gedacht werden muss, in den unverbrüchlichen Formen logischer Vernünftigkeit, wollen wir nicht im Unsinn enden. Unter diesem Gesichtspunkt bitten wir die folgenden Ausführungen gelten zu lassen und ihre aphoristische Natur zu entschuldigen.

Der Begriff des Gedächtnisses gehört zunächst dem Gebiete des psychischen Lebens an. Gedächtnis ist eine Erscheinungsform seelischer Innerlichkeit; man bezeichnet es wohl als ein Vermögen, eine Eigenschaft, eine Thätigkeit derjenigen Wesen, denen wir eine solche Innerlichkeit zuschreiben, also zunächst der Menschen und der Tiere. Indessen wird es gleich von vornherein gut sein zu bemerken, dass sich Seele und Innerlichkeit nicht wohl als etwas Spezielles, Auffälliges in der Welt fassen lässt, neben dem es gleichwertig oder gar in überwiegender Würdigkeit noch anderes gäbe, was durchaus nicht Seele und nicht Innerlichkeit hätte. Sondern offenbar ist alles, was es etwa giebt, mindestens auf das seelische Leben bezogen, als dessen Inhalt oder Gegenstand; denn auf andere Weise liesse sich von ihm nichts wissen und nichts aussagen. Und andererseits lässt sich das seelische Leben gar nicht anders vorstellen als im Einklang mit der Gesamtheit aller übrigen Erscheinungen. Denn ohne Inhalt kann es nicht sein, und den Inhalt, den es hat, kann es eben nur dieser Gesamterscheinung entnehmen; dies aber kann nimmermehr so geschehen, dass es dieser eine Form aufzwänge, die ihr fremd wäre, sondern nur so, dass die Form der Innerlichkeit und die Form der von ihr aufgefassten äusseren Welt wesentlich übereinstimmen und nur zufällig auseinandergehen. Was uns also irgend auf seelischem Gebiete begegnet, das hat eine ganz universale Bedeutung; jede Erscheinungsform der Innerlichkeit ist auch eine Grundform für den Bestand des Weltalls. Welt und Seele lassen sich nicht trennen. Was die Seele ist und was sie hat, das ist und das hat die Welt, und was wir von der Seele erkennen, das erkennen wir nicht von einem einzelnen Bestandteil der Welt, sondern von der Welt als solcher. Denn die Welt mag sonst sein, was sie will: jedenfalls ist beseelt zu sein, ihre wesentliche Daseinsform.

In der Seele nun ist das Gedächtnis wieder offenbar weit mehr als bloss eine ihrer Erscheinungsformen neben anderen; sondern Gedächtnis zu sein ist ihr Wesen, und was die Seele ist, das ist sie dadurch, dass sie Gedächtnis ist. Gerade nur so weit, wie ihr Gedächtnis reicht, reicht auch das Dasein der Seele. Was Gedächtnis hat, das hat seelische Innerlichkeit; sofern etwas kein Gedächtnis hätte, könnte auch von Seele bei ihm nicht die Rede sein. Es gilt aber, das Gedächtnis in seiner universellsten Bedeutung zu erfassen, und da müssen wir so sagen: Gedächtnis ist auf seelischem Gebiete überall da, wo das Vergangene, sei es eine Thätigkeit, sei es ein Gebilde, eine Eigenschaft, ein Vermögen der Seele, im Verlaufe der Zeit in der Innerlichkeit fortbesteht, offenbar oder verborgen, also so, dass das Vergangene unmittelbar wiedererkennbar gegenwärtig bleibt, oder so, dass es zur Gegenwärtigkeit wieder emporgerufen zu werden vermag, oder so, dass seine verborgene Gegenwart angenommen werden muss, um die vorhandene Erscheinung erklärlich zu machen.

Das Gedächtnis in allen diesen Formen ist uns eine so vertraute und so gewohnte Sache, dass wir uns gar nicht mehr oder doch nur in einzelnen hervorstechenden Fällen über dasselbe wundern. Und doch ist es unter allen Dingen, die uns irgend begegnen können, das merkwürdigste und wunderbarste, wenn wir ernsthaft darüber nachzudenken beginnen. Wie ist es doch damit? Was soll es heissen: in der Seele hat ein Vorgang stattgefunden und ist abgelaufen; aber er ist damit doch noch keineswegs zu Ende, sondern er selber oder seine Wirkung, sein

Ergebnis besteht in der Seele fort? Soll es heissen: das scheinbar Vergangene ist nicht wirklich vergangen, sondern es dauert noch? oder es ist zwar vergangen, aber es besteht gleichwohl in gewisser Weise fort? oder es ist zwar vergangen und besteht nicht mehr, aber ein anderes besteht, das dem Vergangenen ähnlich oder gleich ist? Welche dieser Fragen wir auch bejahen, das Rätsel ist immer gleich dunkel und die Schwierigkeit, es zu lösen, gleich gross.

Zunächst, damit Gedächtnis sei, ist erforderlich, dass es ein dauerndes, im Zeitverlauf dasselbe bleibendes und sich auch in dieser seiner Identität mit sich erfassendes Wesen gebe, nämlich eben die Seele, die Gedächtnis hat, oder, was vielleicht richtiger ist, die in dieser Beziehung Gedächtnis heisst. Aber es gehört weiter dazu, dass diese in ihrer Einzelheit fest bestimmte, von anderem, was sie nicht ist, sicher unterscheidbare und sich selbst unterscheidende Seele auch der Schauplatz ganz bestimmter einzelner Vorgänge sei, die sich ebenso wie die Seele selbst von anderen unterscheiden und als dieselbigen, die sie sind, wiedererkennen oder mit anderen vergleichen und nach Ähnlichkeiten oder Verschiedenheiten bestimmen lassen. Und was wir mit Bezug auf das Gedächtnis von der Seele und von den Vorgängen in ihr gesagt haben, das gilt ganz allgemein auch von jedem möglichen Gegenstande, zu dem die Seele in Verhältnis treten kann. Gedächtnis kann es nur geben in einer Welt, in welcher die Erscheinungen in sich bestimmt und von anderem unterschieden, mit sich identisch in der Zeit dauern und wiederholbar sich erneuern und das numerisch Gesonderte zu einander in Verhältnissen der Gleichheit und Ähnlichkeit, der Verschiedenheit und Unähnlichkeit steht. Eine solche Welt, wie sie als Bedingung für das Gedächtnis vorausgesetzt wird, nehmen wir unbefangen als das Selbstverständliche hin. Es fragt sich: wie kommen wir zu dieser Welt, und wie verträgt sie sich mit den subjektiven Bedingungen unseres Auffassungsvermögens?

I.

Alles was wir Seele nennen im Sinne von Innerlichkeit überhaupt, das verläuft in der Zeit. Die Zeit aber verläuft kontinuierlich. Jeder Versuch, die Zeit anders zu denken, als in dieser Kontinuität ihres Verlaufes, scheitert aufs kläglichste. Die Zeit ist die blosse gemeinschaftliche Form alles Geschehens, zunächst des innerlichen Geschehens. Sie selbst hat an sich keinen Unterschied; der Unterschied kommt in sie erst durch den Inhalt, also durch das, was in zeitlicher Form vorgeht. Die Zeit wirkt nicht, aber alles Wirken findet in zeitlicher Form statt. Sie hat keine Grenze und keine Teile, aber sie lässt jede Grenze zu und ist schlechthin teilbar. Sie ist bloss ausgedehnt, und ausgedehnt bloss in der einen Richtung, nach dem Gleichnis der räumlichen Linie. Sieht man von dem zeitlichen Inhalt ab, so lässt sich die Zeit nur quantitativ bestimmen nach Länge und Kürze, also nach Analogie der räumlichen Ausdehnung, nach einem Mehr oder Weniger des zeitlichen Verlaufs, das an sich sonst völlig gleichgiltig ist. Denn in ihrem ganzen Verlaufe ist die Zeit gleichartig; das gleiche Quantum der Zeit, die gleiche Zeitstrecke, ist von jedem gleichen Quantum nur numerisch und in keiner Weise qualitativ verschieden. Wo wir also qualitative Bestimmtheit finden, da findet sie in der Zeit wohl ihr Unterkommen; aber sie stammt nicht aus der Zeit. Die Zeit lässt solche Bestimmtheit als ihren Inhalt zu, aber sie vermag keinen bestimmten Inhalt aus sich zu erzeugen. Die Bestimmtheit stammt nicht aus der Zeit. Sie trägt den Charakter der Zeitlichkeit; aber sie bringt in die Zeit ein neues Moment, das nicht schon der Form der Zeitlichkeit selber angehört.

Die Zeit bietet in der Kontinuität ihres Verlaufes nirgends einen Anfang und nirgends ein Ende. Man dürfte auch nicht sagen, dass in der Zeit das eine stetig in das andere übergehe; denn in der Zeit ist nicht eins und ist deshalb auch nicht anderes. Vielmehr in diesem Verlaufe wird nur gesetzt, um stetig aufgehoben zu werden. Da ist nichts, denn da kann von keiner Dauer die Rede sein. Die Gegenwart ist immer nur als Grenze zwischen dem, was vergangen und dem, was zukünftig ist, und diese Grenze hat keinen Bestand. Sie fliesst selber stetig mit in diesem ununterbrochenen Taumel. Der Augenblick lässt sich nicht festhalten. Die Unendlichkeit, die dem Verlaufe nach vorwärts und rückwärts zukommt und das Ende ebenso ausschliesst wie den Anfang, durchdringt auch jeden einzelnen

Punkt des Verlaufes, soweit von einem Punkte die Rede sein kann, und als unendliche Teilbarkeit auch des kleinsten Teiles macht sie jede gesetzte Bestimmtheit auch schon zugleich zur aufgehobenen. Da ist nichts beständig als dieser Widerspruch des stetigen Setzens und Aufhebens in einem Zug ohne festzuhaltende Grenze. Wer die Zeit denkt, der denkt diesen stetigen Widerspruch, in dem es kein Bleiben, keine Bestimmtheit, keine Einheit giebt, also auch keine Möglichkeit eines Gedächtnisses. Wenn trotzdem Gedächtnis besteht, so kann es wenigstens nicht in der Zeit als solcher seine Wurzel haben. —

Aber, könnte man meinen, wenn freilich die Zeit keinen Anhalt gewährt, um etwas Bestimmtes und Einzelnes daran befestigen zu können, — der Raum ist doch das Element der Dauer: in der Form der Räumlichkeit haben wir beharrendes Sein und bleibenden Bestand, also auch die Möglichkeit des Gedächtnisses. Denn als räumlich wird eben dieses Nebeneinander mit sich identischer, dauernder Bestimmtheiten gedacht. Indessen, auch das wird sich so ohne weiteres nicht halten lassen. Zunächst ist der Raum von dem Flusse der Zeit nicht abzutrennen. Er ist vielmehr mit allem, was in ihm ist, gerade dasjenige, an dem sich die stetig im Setzen auch schon das Gesetzte aufhebende Natur der Zeit bethätigt, und ebenso stetig wie der Verlauf der Zeit ist auch der Raum und alles Räumliche, und eben dadurch ist er der widerspruchsvoll alle Bestimmtheit ausschliessenden Natur der Zeit offen und zugänglich. Was im Raume ist, das ist eben als solches auch veränderlich schlechthin. Gerade dieses Nebeneinander, welches doch ein Zusammen von wohl unterscheidbaren, in sich beschlossenen Bestimmtheiten sein soll, ist vielmehr ein stetiges Vergehen und Entstehen, das ebensowohl auch kein Vergehen und Entstehen ist, weil dazu ein fester Bestand durch irgendwelchen auch noch so kleinen Teil der Zeit gehörte, der nicht gefunden wird. Denn wo kein dauernd Seiendes ist, da giebt es auch nichts, von dem man das Entstehen oder Vergehen aussagen könnte.

Zudem, wenn im Raume bestimmtes, einzelnes, in sich geschlossenes, von anderem unterschiedenes Seiendes gefunden werden soll, so müsste doch der Raum daran ganz unschuldig sein. Denn im Raume lassen sich wohl Grenzen setzen, aber er setzt selber keine Grenzen. Der Raum ist gerade so stetig wie die Zeit und fliesst ebenso wie diese über jede Grenze hinaus. Gerade wie die Zeit lässt er weder Anfang noch Ende zu, und wenn im Raume von einer Mehrheit von Richtungen die Rede ist, so gilt von jeder Richtung in ihm, was in der Zeit von der einen Richtung gilt, in der sie fliesst. Und genau so wie in der Zeit ist auch im Raume der Punkt selber, den man setzen könnte, eine fliessende Grenze. Man darf von dem Raume sagen, was von der Zeit gesagt worden ist, dass er für jede Grenze empfänglich ist; aber die Grenze stammt nicht aus ihm, sie ist nicht eigentlich seine Grenze, sondern sie kommt ihm von aussen und wird ihm angethan. Der Raum, man mag ihn teilen so viel man will, ist immer noch weiter teilbar; man mag ihn erweitern, so viel man will, er lässt sich immer noch mehr erweitern. Giebt es also bestimmtes, bleibendes Sein im Raume, — und dass es das giebt, ist ja ganz unzweifelhaft, weil man ohne das überhaupt nichts weder sagen noch verneinen könnte — so ist es damit genau so wie mit dem Sein des Bestimmten in der Zeit: auch der Raum ist keine Macht des bleibenden Bestandes. Er ist eine empfängliche Form, aber keine zeugende Potenz. Wer da sagt Raum, der bezeichnet das völlig Passive, Unwirksame. Auch im Raume lässt sich nichts halten oder behalten. Das Bestimmte ist wohl im Raume, aber es stammt nicht aus dem Raume. Der Raum lässt Unterschiede und mit sich identische bleibende Bestimmtheit zu: aber er selber ist überall derselbe, schlechthin gleichartig; seine Teile sind nur numerisch verschieden, der einzige ihm selber angehörige Unterschied ist der der Quantität, des Mehr oder Minder der Ausdehnung, und dieser Unterschied ist völlig gleichgiltig, ist im Grunde keiner.

Zeit und Raum, beide untrennbar miteinander und durcheinander gegeben, sind die Formen unserer Anschauung. Eben deshalb fliesst aller Inhalt der Anschauung in stetiger Bewegung. Oder wenden wir die Betrachtung auf das Subjektive, auf den inneren, den psychischen Vorgang, — es kommt uns ja auf das Gedächtnis an, zunächst als psychologische Erscheinung, — so ist nicht abzusehen, wie aus dem sinnlichen Vermögen irgend eine

Einheit und Bestimmtheit sich sollte ergeben können. Wie man auch das sinnliche Vermögen sonst näher fassen und beschreiben mag, jedenfalls ist es ein rezeptives Vermögen, das seine Eindrücke von draussen empfängt, das von Reizen abhängig ist und höchstens auf diese mit ihm eigentümlichen Formen der Gegenwirkung antwortet. Nun ist das Äussere, das da wirkt, eben das zeitlich-räumlich Bewegte, das stetig Veränderte, wo keine Bestimmtheit bleibt, weil keine vorhanden ist, wo es nichts Eines und nichts Identisches giebt, weil jegliches, was etwa gesetzt wird, in eben diesem Setzen auch schon aufgehoben ist. Und genau ebenso ist es auch mit diesem Flusse der inneren Vorgänge, wenn man da von einer Mehrzahl sprechen darf, wo es gar keine Einzahl giebt. Was auf uns eindringt, ist eine ganze Welt von Erscheinungen, die unser sinnliches Vermögen von allen Seiten zugleich ergreifen, und wie die Zeit fliesst, so fliessen auch die Eindrücke und die Reize in stetigem Übergange ohne Grenze und Bestimmtheit. Oder setzen wir ein räumlich begrenztes einzelnes Ding als das unser sinnliches Vermögen Affizierende, so ist wieder an diesem einzelnen Dinge, und sei es noch so klein, eine Unendlichkeit von einzelnen Punkten und im kleinsten Zeitteil eine Unendlichkeit von Veränderungen, und nennen wir Empfindung diese durch das Äussere, wohin auch der eigene Leib gehört, gewirkte Affektion der Innerlichkeit, so ist schlechterdings nicht abzusehen, wie eine bestimmte einzelne Empfindung sollte gewirkt werden können von dem, was an sich selber ohne Bestimmtheit und Einheit ist, im stetigen Fluss des zeitlichen Verlaufes, in der nach allen Richtungen gleich unbestimmt verlaufenden Unendlichkeit der grenzenlosen räumlichen Ausdehnung. Giebt es also für uns, in uns und ausser uns bestimmte, mit sich identische, dauerbare Einzelheit, so kann sie nicht gegeben sein in dem stetigen Flusse der Empfindung, sofern diese betrachtet wird als die innere Affektion auf Grund äusserer Reize und Eindrücke.

II.

Nun ist uns aber das Einzelne und Bestimmte ohne Zweifel gegeben; denn wir sprechen ja und unterhalten uns miteinander als unterschiedene Einzelwesen, und wir sprechen von bestimmten Gegenständen und legen sprechend einen Verlauf innerer Vorgänge sondernd und scheidend auseinander. Dabei halten wir wenigstens identische Inhalte im Gedächtnis fest; denn beim letzten Wort ist uns auch das erste noch gegenwärtig, das wir gesprochen haben, und ohne dieses Festhalten wäre ein Sprechen ganz unmöglich. Wenn nun dieses Einzelne und Bestimmte, wie wir gesehen haben, weder von aussen stammen, noch von der von aussen im Innern gewirkten Affektion herrühren kann, die man Empfindung nennt, so wird die Kraft noch erst zu suchen sein, die uns aus dem Verfliessen mit der grenzenlosen Unbestimmtheit des Raumes, der Zeit und der Bewegung und Veränderung heraushebt. Dass wir diese Kraft, durch die uns Bestimmtes und Einzelnes gegeben wird, zunächst in unserer inneren Welt zu suchen haben, ist aus dem Vorausgegangenen klar. In uns muss eine Einheits-Funktion vorhanden sein, durch die wir uns das mit sich Identische, das Einheitliche und Bleibende gewinnen können, oder es bleibt uns überhaupt versagt. Die Macht, die dem Äusseren abgeht, ist der Innerlichkeit vorbehalten, und unseres eigenen Geistes Natur muss es erklärbar machen, dass wir bestimmte Vorstellungen in bestimmte Worte zu kleiden und bestimmte Gegenstände auszudrücken vermögen. Diese Einheits-Funktion in ihrem weitesten Umfange nun nennen wir Denken.

Offenbar beherrscht das Denken in der eben angegebenen Bedeutung den ganzen Verlauf aller Vorgänge der inneren Welt. Denn Einheit und Bestimmtheit ist in dieser überall, wenn auch in verschiedenen Graden. In dieser inneren Welt ist nirgends ein Bruch, sondern ein stetiges Aufsteigen vom Niederen zum Höheren. Nirgends ist blosser, noch ungeformter Stoff; nur die Macht ist verschieden, mit der die Form den Stoff durchdringt. Schon die niedrigste Stufe, die Empfindung, hätte gar keinen Sinn, wenn sie nicht von jener Einheits-Funktion, in wie geringer Mächtigkeit auch immer, durchdrungen wäre. Denn das schlechthin Fliessende und Grenzenlose ist überhaupt nichts: es kann nicht gedacht noch gesagt werden. Soll der Empfindung irgendwie ein Sein zukommen, so muss ihr auch irgend ein Grad von

Bestimmtheit zukommen. Es muss in der Empfindung das Gleiche und das Unterschiedene sein, es muss in ihr Grenze und Einheit zu finden sein, wenn auch immerhin verwaschen und trübe, soll von der Empfindung gesprochen werden können. Und weiter: baut sich auf dem Verlaufe der Empfindungen die Fülle der Wahrnehmungen auf, Wahrnehmung von bestimmten, unterscheidbaren, wiedererkennbaren Gegenständen, so muss darin die Wirkung der im wahrnehmenden Geiste mächtigen Einheits-Funktion, die wir Denken genannt haben, anerkannt werden, und es muss das schon in der Empfindung vorhandene, aber noch teilweise latente Element der Bestimmtheit darin nur weiter durchgebildet sein, so dass dem Empfindungs-Stoff damit keine Gewalt geschieht, nichts ihm völlig Fremdes ihm aufgezwungen wird. Blosses Affiziertwerden von aussen ist wider die Natur der Seele; schon auf ihrer niedersten Stufe ist sie mit ihrer Selbstthätigkeit zugegen. Alle Bestimmtheit wird von ihr nicht bloss passiv entgegengenommen; wie es bei der Wahrnehmung offen vor Augen liegt, so ist es schon in der Empfindung. Auch die Empfindung wird wie die Wahrnehmung gemacht, von innen gewirkt. Ein bloss rezeptives Vermögen ist eine haltlose Abstraktion. Überall ist die Seele produktiv, wo sie einen Gegenstand hat, und alle Bestimmtheit des Inhalts ist eine Frucht der Thätigkeit der Seele, wobei ja freilich nicht ausgeschlossen ist, dass die Seele durch ihre Thätigkeit eben das wiedererzeuge, was der Gegenstand schon an sich ist und hat. Die Seele also als solche ist nicht ohne das Denken; im Denken aber wurzelt alle Identität und damit alles Gedächtnis.

Eben darum kann dann aber auch die Äusserlichkeit, die die Seele affiziert, keine blosse Äusserlichkeit, und das Material, aus dem die Seele sich das Bestimmte erzeugt, kann nicht das schlechthin Unbestimmte sein. Zeit und Raum mit ihrer Grenzenlosigkeit sind nichts Selbständiges, sondern sie sind nur an dem Seienden als ein formelles Element; ohne den bestimmten Inhalt, der räumlich sich ausbreitet, zeitlich fliesst, ist weder Raum noch Zeit überhaupt etwas. Verselbständigen lassen sie sich nur im Wege der Abstraktion. Was die Seele ist, das ist auch die Welt. Giebt es das Bestimmte und Einzelne in der Seele, so giebt es dasselbe auch in der Welt. Wird die Seele was sie ist durch die in ihr thätige Einheits-Funktion, so muss die Welt auch eine Macht der Einheit in sich enthalten, und die erzeugende Macht der Einheit, die das Bestimmte setzt, wird in der Welt dieselbe sein wie in der Seele. Wir nennen sie in der Seele Denken, wir dürfen sie in der Welt nicht anders nennen. Dasselbe Denken also, durch das sich die Seele das Eine und das Bestimmte gewinnt, ist es, das auch in der Welt als objektiver Gedanke das Eine und Bestimmte gestaltet. Wie die Seele von der fliessenden und unbestimmten Empfindung aus aufsteigend zu immer geschlosseneren Einheiten gelangt und zuletzt in der Form des Begriffs die ewig mit sich identischen, alles durchwaltenden Ideeen erzeugt, so geht es auch in der objektiven Welt zu. Von der kontinuierlichen Äusserlichkeit des Raumes, der Zeit und der Bewegung geht es empor zu den Gesetzen, Gattungen, Ideeen, die als die ewig unveränderlichen Stützen dies ganze Gebäude tragen und zusammenhalten. Die schrankenlos ausgedehnte Materie mit ihrer unendlichen Teilbarkeit bildet die Grenze des Seienden nach unten hin. Ihr unbestimmtes Fliessen, schlechthin bestimmbar durch Formen, Prinzipien und Begriffe, ist nicht eigentlich; es ist nur das letzte Moment, bis wohin sich der Prozess des Seienden verliert und von dem er immer wieder ansteigt, wie ein Nullpunkt, der doch nie erreicht wird, sondern zu dem nur eine stetige Annäherung stattfindet. Das Formlose hat auch draussen kein Sein, das blosse unbestimmte Werden keine Wirklichkeit. Es ist in der Wirklichkeit enthalten als ein Moment an ihr, aber als ein stetig gesetztes und stetig aufgehobenes Moment. Das Wirkliche ist in der Welt wie in der Seele das Konkrete: bestimmte Individualität, geformte Materie, erfüllte Zeit, stets angehaltener Fluss der Veränderung, dauernde Gestalt von Einzelwesen, beherrscht durch Begriffe, Gesetze, Ideeen. Und darum giebt es ein Gedächtnis wie in der Seele so auch in der Welt. Nicht bloss die Seele hält ihre bestimmten Gebilde fest, hat in diesen ihr eigenes mit sich identisches Sein und ihren dauernden mit sich identischen Inhalt, sondern auch die Welt ist dieser Prozess, mit sich identisch in stetigem Wechsel doch die identischen Gestalten zu bewahren und immer neu zu erzeugen und daran ihr eigenes Sein und das Sein ihres Inhalts zu haben. Dadurch ist die Welt erkennbar, dem Denken zugänglich und durchsichtig; dadurch ist das Denken auf die Einheit mit seinem Objekt angelegt, so dass sein Inhalt und der Inhalt der Welt ein und derselbe Inhalt zu werden vermag. Die Produktivität des Geistes geht der Produktivität der Welt parallel. Es wird dem Geiste nichts geschenkt. Er hat das Wahre nicht unmittelbar; er muss sich alles erst erarbeiten. Aber was er sich nach seinen eingeborenen Kräften, Formen und Gesetzen auf normale Weise erzeugt und erarbeitet, das fällt mit der parallel laufenden Macht der objektiven Dinge, mit ihren Kräften, Formen und Gesetzen zusammen. Das Gedächtnis der Seele und das objektive Gedächtnis der Welt ist ein und dasselbe Gedächtnis; es beruht im Objekt wie im Subjekt auf derselben Einheits-Funktion, und das Gedenken der Seele wie das Gedenkbarsein der Welt wurzelt in derselben, Grenze und Bestimmtheit und Einheit schaffenden Macht des Denkens.

III.

Wir verwenden in diesen Darlegungen für die Innerlichkeit eine ganze Reihe von Ausdrücken: Seele, Bewusstsein, Geist, ohne auf die Unterschiede in der Bedeutung dieser Ausdrücke weiter zu achten. Es kommt auf diese Unterschiede zunächst noch nichts an. Wo irgend in der Welt Leben ist, — und vielleicht ist es von keiner Stelle der Welt und von keinem Wesen in ihr ausgeschlossen, — da ist auch irgend eine Stufe der Innerlichkeit, und mehr als Stufen dieser Innerlichkeit bezeichnen auch jene Unterschiede nicht. Innerlichkeit ist überall mit Identität und Gedächtnis verbunden, und von diesem nach seinem allgemeinsten Wesen handeln wir. Jetzt aber wird es gut sein, uns auf die höchste Stufe der Innerlichkeit zu beschränken, weil an ihr das Wesen der Sache am deutlichsten hervortritt, und diese oberste Stufe nennen wir Geist.

Was der Innerlichkeit überhaupt zukommt, das kommt dem Geist am allermeisten zu. Geist ist wesentlich denkend, und Denken ist wesentlich geistig. Denken in seiner vollsten Bedeutung kommt allein dem Geiste zu. Wir nennen es reines Denken, nicht als ob es unvermittelt und von selber käme; sondern es hat seine niederen Formen als seine Voraussetzungen in sich, aber als überwundene. Es hat sich aus dem Empfinden, Wahrnehmen, Anschauen, Vorstellen gewonnen, sich durch sie vermittelt; aber diese seine Voraussetzungen tilgt es zugleich in sich, dass sie in ihm als solche nicht weiter zu merken sind, und es erweist sich, dass das Denken der eigentliche, wahre Grund dieser seiner Voraussetzungen und Bedingungen ist. Geist ist Innerlichkeit, die die Natürlichkeit überwunden hat, ist reine That, sich selbst zu setzen und festzuhalten, und zwar sich als völlig beschlossene Einheit zu fassen und in dieser seiner Identität mit sich zu behaupten. Indem der Geist sich setzt, setzt er sich auch seinen Gegenstand; es ist eine und dieselbe That. Denn der Geist ist nicht ohne den Gegenstand, und der Gegenstand nicht ohne den Geist, und wie der Geist, so ist auch der Gegenstand, den er sich setzt, bestimmte und beschlossene Einheit. In dieser seiner Thätigkeit, sich und den Gegenstand zu setzen, ist der Geist Aufmerksamkeit. Aufmerksamkeit ist nicht ein anderes, was zum Geiste noch hinzukäme, nicht eine Eigenschaft an ihm, eine Thätigkeit von ihm, sondern der Geist als solcher ist Aufmerksamkeit in dieser ersten Stufe seiner Verwirklichung, wo er sich und seinen Gegenstand setzt, und diese Stufe ist nicht zeitlich beschränkt und vergänglich, wie etwa die Kindheit am Menschen, die doch einmal aufhört und Jugend und Mannheit wird, sondern sie ist immer da, wo Geist ist, als des Geistes ursprüngliches Wesen und elementares Moment. Aufmerksamkeit ist That der Einheits-Funktion, ist Begrenzen und Bestimmen, Sammeln und Konzentrieren, und dadurch gewinnt sich der Geist mit seinem Gegenstande sich selbst als ein Identisches und Eines. Aufmerksamkeit ist das erste und ursprünglichste Phänomen des geistigen Lebens; sie ist an sich schon, was der Geist überhaupt ist, Wille. Nur in seiner Thätigkeit, sich und seinen Gegenstand nicht nur zu setzen, sondern auch festzuhalten, hat der Geist sein wirkliches Dasein und Leben, und dieses Festhalten, das ist der Wille, ein Wirken des Geistes zunächst auf sich und dann auch auf den Gegenstand. So ist dieses Festhalten seiner selbst im Strome der Zeit, das Selbst-Bewusstsein, nichts Geschenktes, sondern etwas Erarbeitetes, die Frucht der Aufmerksamkeit, das Zeugnis, dass der Geist Wille ist. In der Sammlung weiss der Geist von sich und von seinem Gegenstande, zusammenfassend und vereinend, unterscheidend und sondernd; in der Zerstreuung verliert er sich und seinen Gegenstand, indem ihm mit der Einheit auch der Unterschied verloren geht. Nur im Wollen ist der Geist als Geist, und dieses Wollen hat er nicht anders als denkend. Denken ist gesammelte Thätigkeit, höchste Willensanstrengung. Die Einheits-Funktion, durch die der Geist sich als Geist und seinen Gegenstand als solchen setzt und festhält, wird nicht allein nicht ohne Willen geübt, sondern ist ganz und gar eine Äusserung des Willens, der der Geist selbst ist. Das Denken und das Wollen sind nicht zwei, sondern eines, nicht miteinander untrennbar verbunden, sondern dasselbe, und die Verschiedenheit des Namens bedeutet nicht eine Verschiedenheit der Sache, sondern einen Unterschied der Richtung in einer und derselben Thätigkeit. Dieselbe Selbstbehauptung heisst Denken, wenn sie sich wesentlich auf den Gegenstand richtet, und Wollen, wenn sie sich wesentlich auf den Geist selber richtet. Der Geist denkt, wenn er den Gegenstand als den seinigen in seiner Einheit und Bestimmtheit festhält und in diesem seinem Gegenstande sich selbst behauptet; der Geist will, wenn er sich als dieses einheitliche Subjekt in dieser seiner denkend ergriffenen Bestimmtheit festhält und mit sich selbst seinen Gegenstand behauptet. Das Wollen läuft wie das Denken auf eine Bearbeitung des Unmittelbaren und Gegebenen hinaus; das Denken vollzieht sein Werk, indem es im erfassten Begriff die Natur des Geistes an diesem Gegebenen rein herausstellt, das Wollen, indem es im erreichten Zweck dem Geiste das, was seiner Natur entspricht, als seinen unmittelbaren und gegebenen Gegenstand zuführt. So bearbeitet das Denken die innere, das Wollen die äussere Welt, jenes so, dass es die innere Welt mit der eigenen Natur der äusseren Welt, dieses so, dass es die äussere Welt mit der eigenen Vernunft der inneren Welt in Einklang setzt. Aber die That des Geistes darin ist beidemale eine und dieselbe. Der Geist, indem er sich denkend, wollend in seiner Einheit mit sich stetig setzt und bewahrt, setzt und bewahrt darin zugleich seinen Gegenstand im Flusse der

Zeit als den einen, bestimmten und erhält ihn sich gegenwärtig. Insofern ist der Geist Gedächtnis. Gedächtnis ist nicht bloss Voraussetzung für den Geist und Moment im Geiste und in seiner Thätigkeit; sondern es ist wie die Aufmerksamkeit der Geist selbst, als die That, denkend und wollend sich und seinen Gegenstand zu setzen und zu behaupten. Ist die Aufmerksamkeit darin gegenwärtig als das elementare Moment, so ist ebenso das Gedächtnis gegenwärtig als das höhere Moment; es ist ein Unterschied wie von Blüte und Frucht, aber nicht zeitlich getrennt, sondern in einem zugleich. Der Geist, der Aufmerksamkeit ist und Gedächtnis, ist eben darin die Thätigkeit des Denkens und Wollens, und er ist alles dies eben deshalb, weil er die Macht aller Einheit und aller Bestimmtheit ist.

Indessen, sobald wir das Wirken dieser Einheits-Funktion als der wesentlichen That des Geistes näher ins Auge fassen, so gilt es vor allem auch hier die wesentlichen Unterschiede in ihrer Bestimmtheit sorgsam zu beachten, nach denen der Geist diese seine Funktion übt. Denn nicht auf einen Schlag gewinnt sich der Geist die Einheit in allem, was ihm Gegenstand wird; sondern seine Thätigkeit, Einheit zu setzen, vollzieht sich mit wachsender Macht auf einer Reihe von Stufen, und je nach der Stufe, die diese Funktion erreicht hat, gewährt auch das Gedächtnis einen verschiedenen Anblick. Wollen wir das Gedächtnis verstehen, so müssen wir es selber als eine auf einer Verschiedenheit von Stufen sich vollziehende, in ihrer Einheit eine Anzahl von wesentlichen Unterschieden umfassende Lebensform des Geistes betrachten lernen. Es ist die Macht des Geistes, in dreifacher Form, immer höher ansteigend, aus der unendlichen Vielheit sich die Einheit zu gewinnen, und wo wir irgend Menschen denkend finden, da ist in ihnen, klarer erfasst oder dunkler, und mehr bewusst oder minder, eine dieser Grundformen der Einheits-Funktion wirksam. Nicht zufällig sind diese Formen, sondern notwendig, Konsequenzen aus der eigensten Natur des Geistes, Ausstrahlungen seiner Fülle, und nicht beliebig oder willkürlich bedienen sich ihrer die Menschen, sondern bezwungen durch die vernünftige Anlage, die in ihnen nach Verwirklichung strebt. Auch nicht so verhalten sich diese Schemata der Einheits-Funktion, dass die eine Irrtum ergäbe und die andere Wahrheit, sondern so, dass jede ihr Recht und ihren Anteil an der Wahrheit hat und nur alle insgesamt in ihrem Zusammenwirken und in vollkommener Verschmelzung das volle Recht haben und die letzte Wahrheit geben. Wie aber die Natur des Geistes in inniger Harmonie steht mit der Natur des Gegenstandes, so entsprechen auch jene drei Stufen der Einheits-Funktion der Stufenfolge der Wesen im einheitlichen und gegliederten Universum. Der Irrtum entsteht erst, wenn die eine der Stufen für das Ganze ausgegeben wird, oder wenn die niedere Stufe sich statt der höheren vordrängt, oder wenn nur die Gesichtspunkte, die für die eine Stufe die entscheidenden sind, gelten sollen, diejenigen aber, die für die anderen vorwiegen, ausdrücklich oder stillschweigend ausser Acht gelassen werden. Einheit, Bestimmtheit, Identität, jedes hat also verschiedene Bedeutung, verschiedene Grade der Intensität, verschiedene Form und Beziehung, je nach dem Schema der Einheits-Funktion, unter dem es erfasst wird, und damit ändert sich auch die Bedeutung des Gedächtnisses. Und so mag es denn gestattet sein, nach diesen Vorbereitungen an eine kurze Charakteristik der drei Grund-Schemata der Einheits-Funktion heranzutreten.

IV.

Einheit also will sich der Geist gewinnen aus der unendlichen Unbestimmtheit der kontinuierlich fliessenden Erscheinung. Die erste und abstrakteste Form dieser Einheit ergiebt sich da, wo das Eine zum Vielen ergänzend hinzugefügt wird als das, was nicht das Viele, aber woran das Viele ist. Dann gilt das Eine als seiend, für sich, selbständig, als das Eigentliche und Wahre; das Viele dagegen, das dem Einen negativ gegenüber steht, ist dann nicht eigentlich; mindestens ist es nicht für sich, nicht selbständig. Es ist abhängig; es bedarf eines Trägers, einer Stütze, und das Eine, dieses Tragende und Stützende, liegt ausserhalb des Vielen, des Getragenen und Gestützten; sie sind sich gegenseitig fremd und äusserlich und nur thatsächlich aufeinander bezogen. Einheit in dieser Form gedacht heisst Substanz, und das ist das erste und abstrakteste Schema, unter dem der Geist seine Einheits-Funktion übt.

Ob wir unter dem Schema der Substanz denken wollen, ist nicht in unsere Wahl gegeben; wir müssen so denken als vernünftige Wesen auf Grund der Natur des Geistes und können nicht anders denken. Es ist damit wie überall, wo es sich um die aus der Vernunft selber fliessenden Konsequenzen handelt: man kann wohl in Worten das Schema der Substanz leugnen, seine Giltigkeit der Meinung nach bestreiten; aber dann behauptet man es, indem man es leugnet, und hält es thatsächlich fest, indem man es bestreitet. Es ist die Form der Protestatio facto contraria. Man kann nicht ein vernünftiges Wesen sein und Bewegung denken ohne das, was bewegt wird, nicht Kraft denken ohne Materie, nicht Form ohne Stoff, nicht Eigenschaften, Verhältnisse, Thätigkeiten, Zustände ohne das Ding, das sie trägt, nicht Vielheit überhaupt ohne Einheit der Substanz. Man kann wohl sagen, man denke so, auch meinen, man sei damit im Rechte; aber man kann nicht wirklich so denken. Wie man sprachlich an die substantivische Bezeichnungsform gebunden ist, so ist man denkend an den Substanzbegriff gebunden. Man muss nur diesen Begriff auch richtig erfassen; dann ergiebt sich seine Unausweichlichkeit für alles Denken von selbst.

Substanz wird nur gedacht, wo ein Verhältnis zu anderem gedacht wird. Substanz ist etwas nicht anders als im Verhältnis zu anderem, was nicht Substanz ist. Dies andere aber ist zugleich auf die Substanz bezogen; man sagt, es sei an der Substanz, hafte ihr an, trete an ihr auf, verschwinde an ihr. Man darf sich den Substanzbegriff nicht missverständlich einengen. Missverständnis ist es, wenn diejenigen, die unmündig oder verbildet sich ganz an die sinnliche Anschauung verlieren, Substanz überhaupt nur im Sinne des sinnlich Existierenden, des Dinglichen, des Körperlichen nehmen, während sie doch thatsächlich sich selbst, und auch ihren Gedanken oder Einfall als Substanz denken und behandeln. Nicht minder missverständlich ist es, wenn man den Substanzbegriff statt relativ, wie er ist, absolut nimmt. Was Substanz ist, braucht nicht schlechthin und in jeder Beziehung Substanz zu sein. Es kann etwas Substanz sein in Bezug auf das, was an ihm und was im Verhältnis zu ihm nicht Substanz ist, und kann zugleich selbst an anderem sein und in Bezug auf dieses andere, was seine Substanz ist, nicht Substanz sein. So ist der Körper Substanz für die Bewegung, die Bewegung Substanz für die Beschleunigung, die Beschleunigung Substanz für das Mass der Zunahme. Die Sprache verfährt darin ganz der Natur des Gedankens gemäss, wenn sie jedes selbständig als Begriff Gedachte auch als Substantivum bezeichnet; denn zu Grunde liegt in jedem Begriffe die Beziehung auf andere Begriffe, auf die Merkmale, wie man zu sagen pflegt, die in dem Inhalt jenes Begriffes umfasst sind und in dieser Beziehung sich zu ihm als ihrer Substanz verhalten. Das Wenn und das Aber, das Hier und das Heute, das Schreiben und das Lesen wird mit demselben Rechte gesagt wie der Hund und die Katze, die Eiche und die Palme, der Stein und die Kohle. Alles das ist wirkliche echte Substanz mit Bezug auf anderes, was an demselben ist, und von kategorialer Verschiebung zu reden, die in dem einen Falle stattfinden soll, während nur das andere echte Substanzen bedeute, ist willkürlich. Das Kennzeichen der Substanz trägt das eine, wie das andere.

Wo unter dem Schema der Substanz gedacht wird, da wird die Einheit erfasst als das Bleibende im Wechsel, als das Selbständige gegenüber dem Unselbständigen, als das Mächtige gegenüber dem Gewirkten und Abhängigen. Aber das Verhältnis zwischen der Substanz und dem, was an der Substanz ist, stellt sich als ein rein thatsächliches dar ohne jede Innerlichkeit der Beziehung. Das gilt von den Accidenzen, es gilt aber ebenso von den Attributen der Substanz. Denn zwischen den Accidenzen, die an der Substanz kommen und verschwinden, und der Substanz selbst liegen in der Mitte die Attribute der Substanz, die an der Natur der Substanz wie an der der Accidenzen teilnehmen, an jener, sofern sie selber bleibend und notwendig sind wie die Substanz, an dieser, sofern sie nicht selbständig, sondern abhängig sind, wie die Accidenzen. Die Attribute umschreiben den Kreis der Accidenzen, die an der Substanz auftreten können; sie bezeichnen die bleibende Form des wechselnden Geschehens; die Accidenzen bilden die Modi der Attribute, die zufälligen, unwesentlichen, flüchtigen Veränderungen, die innerhalb der Attribute auftreten und auch ausbleiben können, wenn sie aber kommen, in die Form dieser Attribute sich müssen einreihen lassen. Accidenzen sind die Thätigkeiten, die Zustände und Verhältnisse, in denen sich die festen Eigenschaften als die Attribute der Substanz ausdrücken. Die Attribute sind an der Substanz, sie sind an ihr thatsächlich und notwendig; aber es ist eine äusserliche Notwendigkeit, die begrifflich nicht weiter ableitbar ist, und das Denken bleibt dabei als bei einem Letzten stehen. Dass sie an der Substanz sind, so wie sie sind, und die notwendige Form der zufälligen Accidenzen vermitteln, das muss man hinnehmen; es ist eben nicht anders. Die Substanz ist also begriffliche Einheit des gegebenen Vielen in der unmittelbarsten und darum auch in der ärmsten Form, Einheit als blosse äussere Thatsächlichkeit ohne inneren Grund. Die Substanz ist nicht ihre Attribute, diese sind nicht die Substanz; beide werden zusammen gefunden, sie bleiben aber gegeneinander spröde und unmitteilsam und gehen nicht ineinander über. Das Attribut kann auch an einer anderen Substanz sein, die verschiedenen Attribute können sich an verschiedenen Substanzen in der verschiedensten Weise gruppieren; aber dieselbe Substanz ist jedesmal nur mit denselben Attributen gegeben; sie ist das schlechthin Unveränderliche. Die Accidenzen mögen kommen und gehen, die Substanz mit ihren Attributen bleibt. Und so drängt jedes einzelne, was zunächst als Substanz aufgefasst wird, dazu, über sie selbst, sofern sie nur irgendwie in den Strudel des Werdens hineingezogen wird, hinauszugehen zu etwas anderem, was nun nicht mehr bloss in gewisser Beziehung, sondern in jeder Beziehung Substanz ist, sich im Wechsel behauptet und mit sich identisch bleibt. Unter dem Schema der Substanz sieht sich damit das Denken gezwungen, auf eine letzte und höchste Einheit hinauszugehen, die aller Vielheit zu Grunde liegt, aber freilich ihr zugleich rein äusserlich gegenübersteht. Es ist immer derselbe Zug des Denkens, nach dem die Vielheit dessen, was als Substanz gedacht wird, auch ihrerseits eine Einheit verlangt, um das Nebeneinander des Vielen dem Gedanken zu unterwerfen, und immer wieder ist das Denken versucht, dieser letzten Einheit gegenüber alle Vielheit als blossen gleichgiltigen Schein verschwinden zu lassen.

Für das Nebeneinander des Vielen in dieser Äusserlichkeit des Verhältnisses bietet sich unter dem Schema der Substanz die räumliche Beziehung als das nächste Medium der Auffassung dar. Das Viele liegt, weil nebeneinander, auch aussereinander, und seine wesentliche Bestimmung ist die quantitative, Ausdehnung und Zahl, als die Form aller Äusserlichkeit. Die Vielheit in diesem Sinne der rein äusserlichen Beziehung ist völlig inhaltslos, die Veränderung völlig äusserlich, ein blosser Schein. Der wirkliche Vorgang ist Veränderung der räumlichen Beziehung, Bewegung als Annäherung und Entfremdung, Anlagerung und Trennung, und nur als Medium dieser rein äusserlichen Beziehung kommt dabei die Zeit in Betracht. Was sich bewegt, wird dadurch nicht verändert; es ändert sich nur die Gruppierung als äusserliche Beziehung zu anderem. Aus jeder Verbindung geht das Element genau ebenso wieder hervor, wie es in die Verbindung eingegangen ist. Ihm selber ist nichts geschehen, es hat nichts erlebt; es ist nur etwas mit ihm vorgegangen, nämlich eine Änderung der Beziehung. Und diese Änderung selber ist das Werk einer ganz äusserlichen Notwendigkeit, für die die Anschauung das Schema des Stosses bereit hat. Nichts, was an eine eigene innere Natur des Bewegten erinnerte, spricht dabei mit; die Bewegung vollzieht sich an dem Elemente als sein äusserliches Schicksal. In Wahrheit geschieht dabei nichts; das Eine, was allein wahrhaft ist, hält sich vielmehr in der Vielheit dieser Vorgänge in unverbrüchlicher Identität. Identisch erhält sich das Bewegte, identisch die Kraft, beides auf seine Grundbestimmung als Quantum angesehen; die Vielheit ist wirklich ganz accidentiell, das Sicherhalten der substantiellen Einheit ist der eigentliche Vorgang. Und danach bestimmt sich auch die Natur des Wirkens, von dem hier allein die Rede sein kann. Das Wirkende, die Ursache, ist nichts anderes als das Gewirkte, die Wirkung; sie sind bloss formell getrennt. Es ist dieselbe Bewegung, die in der einen Beziehung als Ursache, in der anderen als Wirkung erscheint, und Ursache und Wirkung gehen dem Raume und der Zeit nach unmittelbar ineinander über. Mit der Ursache ist auch die Wirkung gesetzt; zwischen dem sich erhaltenden Einen als der Ursache und dem durch sie Gesetzten, der Wirkung, ist keine Trennung, kein wirklicher Unterschied. Und so herrscht hier im Denken das doppelte Bestreben, den Unterschied zwar immer zu setzen, aber ihn doch wieder nicht gelten zu lassen, sondern ihn stetig aufzuheben und als blossen Schein zu nehmen. Es ist nur die Konsequenz des Denkens unter dem Schema der Substanz, wenn aller Vorgang in der Welt der Vielheit als mechanische Verursachung gedacht, alle Qualität als blosser Schein beseitigt und das rein Quantitative, die Bewegung als räumliche, für das allein Wahrhafte und Wirkliche angesehen wird.

Die eigentliche Heimat für das Denken unter dem Schema der Substanz bildet der Gegenstand als äusserer und die Welt der Gegenstände als äussere Welt. Der verhängnisvolle Zwang, dem das Bewusstsein unterliegt, sich zu spalten und seinen Gegenstand ausser sich hinaus zu verlegen in die hoffnungslose Fremdheit, den Gegenstand so als das Wahre und Seiende und sich selbst, das Bewusstsein, dem Gegenstande gegenüber als ein bloss Zufälliges und Gleichgiltiges anzusehen, wird der Ausgangspunkt für das begriffliche Denken. Aber wenn das Ziel dieses Denkens dies ist, jenen verhängnisvollen Zwang zu durchbrechen und jene hoffnungslose Fremdheit zu tilgen, so ist dies Ziel doch nicht sogleich erreicht, sondern es bedarf dazu der langen Vorbereitung. Der Zwang, unter dem das unmittelbare Bewusstsein steht, ergiebt doch nicht die reine Täuschung, ebensowenig wie er die volle Wahrheit ergiebt. Die Fremdheit ist wahrhaft vorhanden, nicht blosse Bewusstseins-Erscheinung, sondern auch an sich. In dieser Fremdheit ergreift das begriffliche Denken den Gegenstand unter dem Schema der Substanz, das das kosmologische Schema ist, und verleiht dem Gegenstande den Charakter der Dinglichkeit. Der Gegenstand ist danach ein Ganzes, seine Bestimmtheit die, aus Teilen zu bestehen, und diese Teile bestehen wieder aus Teilen; das Ganze ist jedesmal durch die äusserlichste Form der Beziehung, durch Anlagerung, Aggregierung von Teilen nach dem Bilde der Räumlichkeit gebildet. Es ist die ärmlichste und dürftigste Einheitsform, die überhaupt gedacht werden kann, und noch ganz in der unmittelbaren sinnlichen Anschauung wurzelnd. Den Gegenstand unter der Kategorie des Ganzen und der Teile aufzufassen, ist das Kennzeichen des dürftigsten und ungebildetsten Verstandes, wenn man dabei stehen bleibt und nicht weiter kommt. Die Dinge werden dabei zugleich als selbstständig gegeneinander und doch als aufeinander wirkend gedacht, jedes als schlechthin bestimmt durch alle anderen in der mechanischen Verkettung der Ursachen. Hinter diesen Ursachen, die ein zeitlich wechselndes Geschehen darstellen, liegen aber die ewig notwendigen mathematischen Verhältnisse. Auch in diesen ist die Notwendigkeit eine äusserliche und thatsächliche. Zwar, das Mathematische erzeugt sich der denkende Geist, wenn auch auf Grund äusserer Anschauung, von innen; aber er folgt darin einem Zwange des Konstruierens, dessen innerer Grund nicht eingesehen werden kann, ja bei dem an inneren Grund weiter nicht gedacht wird. Im Mathematischen bietet sich die Notwendigkeit, nach der der Geist seine Gebilde erzeugt, als eine ganz ebenso äusserliche und thatsächliche dar, wie die Notwendigkeit, die das Verhältnis der Substanz zu ihren Attributen bezeichnet. Von solchem Prinzip aus muss in solcher Weise weiter konstruiert werden, darüber kann es gar keine zweite Ansicht geben; es ist einmal so und thatsächliches Attribut des Geistes, diesem Zwange zu unterliegen, allerdings so, dass das Resultat dieses geistigen Konstruierens den ideellen Rahmen abgiebt, in dem sich alles, was Gegenstand der Anschauung und Erfahrung soll werden können, bewegen muss, und dass es den Typus bezeichnet, dem sich alle Wirklichkeit so viel wie möglich annähert. Darauf beruht denn auch die Gesetzlichkeit alles dieses Geschehens. Das Mathematische bestimmt mit mechanischem Zwange diese ganze äussere Gegenständlichkeit; überall Zahl, Mass und Gewicht und bestimmtes quantitatives Verhältnis, aber jede tiefere innere Bestimmung fehlt.

So wird gedacht, und es kann nicht anders gedacht werden, wo man bei der Substanz als der niedrigsten und ärmsten der geistigen Einheits-Funktionen stehen bleibt. Nun muss ja wohl unter dem Schema der Substanz gedacht werden; aber solches Denken bildet nur den Ausgangspunkt, nicht auch schon das Ziel der geistigen Bearbeitung des Gegebenen. Denn was geleistet werden soll, wird doch nicht erreicht. Die Fremdheit des

Gegenstandes wird nicht getilgt, die Erscheinung nicht begreiflich gemacht. Zu alledem wird hier nur erst der Anlauf genommen. Vielheit und Einheit bleiben sich fremd gegenüber, und die auseinandergehenden Richtungen, die in diesem Denken zum Ausdruck kommen, die Verschiedenheit zu setzen und sie aufzuheben, kommen zu keiner Versöhnung. Es soll die Substanz sein, und es soll auch die Vielheit dessen sein, was an ihr ist; im Denken aber verschwindet entweder die Einheit an der Vielheit oder umgekehrt diese an jener, und es ist eine falsche Ruhe, die sich das Denken erkauft, indem es sich bei dem dunklen Abgrund der einen Substanz, der alles verschlingt, befriedigt erklärt, als könnte es überhaupt auf lebendige Vielheit und Reichtum der Erscheinung verzichten, ohne sich selbst aufzugeben. So lange diese Richtung des Denkens sich auf das Begreifen der äusseren Gegenstände beschränkt, kann sich ihre vollkommene Verödung und Leerheit verbergen, indem die Fülle der Erscheinung aus der immer bereiten äusseren Anschauung unvermerkt und unbewusst immer wieder in sie hineingetragen wird, um ihre Armut zu bereichern. Wird sie aber auf die Objekte der inneren Welt übertragen, wozu die Versuchung gerade den dürftigsten Geistern am nächsten liegt, so ergiebt sich eine trostlose Pseudo-Wissenschaft, die aller gesunden Vernunft und allem tieferen Bedürfnis des denkenden Geistes gerade ins Gesicht schlägt, dafür sich aber nur um so hochmütiger und selbstgewisser gebärdet, als sie in ihrer Armut und Beschränktheit das tiefergehende Bedürfnis der anderen durchaus nicht zu verstehen oder zu würdigen vermag.

Wie sich nun unter dem Gesichtspunkt des geschilderten Gedankenganges das Gedächtnis ausnehmen wird, ist leicht einzusehen. Wir haben, wo von Substanz die Rede ist, das einheitliche, sich erhaltende Wesen, das allen Wechsel und alles Werden überdauert; also haben wir hier auch im Seienden die Identität, die die Grundlage des Gedächtnisses ausmacht. Und da auch die innere Welt unter dasselbe Schema gebeugt wird, so haben wir in dieser ein vollkommenes Gegenbild zu der gegenständlichen Identität in der äusseren Welt. Beide Male aber trägt das sich Erhaltende, das Identische dinglichen Charakter. Wirkliche

Veränderung kommt nicht vor; die Identität ist also nicht die sich aus der Veränderung wiederherstellende Einheit, sondern blosser starrer äusserer Fortbestand ohne alle innerliche Lebendigkeit. Das seelische Gedächtnis selber erscheint in gleichem Lichte, wie die Identität der die Veränderung überdauernden Dinge. Das Ich als stetige That freier Selbstbehauptung fällt natürlich fort; das Ich ist blosser Schein, höchstens das Ergebnis mechanischer leiblicher Vorgänge. Dafür erlangt nun der seelische Vorgang, die Empfindung oder auch die Vorstellung, selber dinglichen Charakter und wird als Substanz angesprochen, und so erhält sie sich, etwa nach Art eines Dinges, in wechselnder Gruppierung und Beleuchtung, mechanischem Druck oder Zug unterliegend, über eine Schwelle aufsteigend, unter dieselbe versinkend, angezogen, abgestossen, schwingend, sich associierend, sich lösend. In allen diesen mechanischen Prozessen, denen er unterliegt, ist aber der psychische Vorgang im strengsten Sinne des Wortes derselbe geblieben; das Gedächtnis ist ein Schatzhaus aufgehäufter geprägter Münzen, die man so hervorlangen kann, oder die unter der Einwirkung mechanisch wirkender Kräfte emportauchen, oder es bildet eine Schnur mit aufgereihten Bildern, die ganz fertig, wie sie von je waren und bleiben müssen, auf demselben mechanischen Wege herabgelangt und hervorgezogen werden. Dabei ist es einigen klar, dass das nur ein bildlicher, anschaulicher Ausdruck ist für das, was man eigentlicher und treffender zu sagen sich nicht imstande fühlt. Die anderen — und das ist die bei weitem grössere Mehrzahl — erkennen nicht einmal die Bildlichkeit darin, sondern vermeinen in vollem bitterem Ernste darin die Sache selbst zu haben und zu geben. Ein höchst seltsamer, verwundersamer Irrtum des Denkens, der unglaublich scheinen würde, wüsste man nicht, dass die blinde Macht des einmal ergriffenen Schemas im Denken die minder dialektisch gearteten Gemüter widerstandslos mit fortreisst bis in den äussersten Widersinn, der von den Arglosen für die höchste Offenbarung gehalten wird, falls er nur gewissen Neigungen und Vorurteilen schmeichelt.

Die starre Identität des im Flusse des Werdens fortbestehenden Dinges, sei dies nun der äussere Gegenstand oder

der nach dessen Analogie vorgestellte seelische Vorgang, ist die niedrigste Form, oder richtiger nur die Grundlage und Voraussetzung des Gedächtnisses. Aber ebenso muss gesagt werden, dass diese sich identisch behauptende Dinglichkeit auch im Seienden wohl ein Element, aber nur das niedrigste bildet, das als solches nie gefunden wird, sondern immer nur überkleidet mit höheren Daseins-Stufen. Und so geht denn auch das Denken über die Substanz als Schema der Einheits-Funktion hinaus zu höheren Stufen. Die Substanz ist wohl überall; aber nirgends ist sie blosse Substanz. Im Bereiche der äusseren Gegenständlichkeit findet sich solches, was dem Charakter blosser Substantialität nahe und näher kommt; aber diese blosse und nackte Substantialität ist selber wieder wie ein Nullpunkt zu betrachten, zu dem die Bewegung herabsinken mag, der aber nie erreicht wird, weil vor dem Erreichen des Nullpunktes die Bewegung schon wieder zu der Richtung auf höhere Stufen emporschnellt. Das Ding ohne alle Innerlichkeit wird nicht gefunden, so wenig gefunden, wie der ungeformte Stoff oder die kraftlose Materie. Wo Einheit gedacht wird, da muss sie gedacht werden als mit irgend einem Grade von Innerlichkeit behaftet. Das begriffliche Denken, indem es sich in diesem Sinne über das Schema der Substanz erhebt, erfasst die Einheit in der gegebenen Vielheit als das Wesen.

V.

Wenn wir in diesem Zusammenhange das Wort Wesen als Terminus gebrauchen, so geschieht es zwar nicht in voller Übereinstimmung mit dem vielgestaltigen geläufigen Gebrauche des Wortes, — was unmöglich wäre, da dieser Gebrauch in sich selbst nicht übereinstimmend ist — aber doch im Anschluss an ihn und so, dass wir hoffen können, dass der, der unseren Auseinandersetzungen mit eigenem Denken kontrolierend folgt, wohl verstehen kann, was an dieser Stelle mit dem Worte gemeint ist. Wesen ist ein Schema der Einheits-Funktion im Denken gerade wie Substanz; aber es bezeichnet nicht dieselbe Art von Einheit und nicht dieselbe Art von Beziehung zur Vielheit, sondern eine andere und innerlichere. Das Wesen ist, wie die Substanz, einheitlich; ihm gegenüber steht die Vielheit, und zwar steht sie dem Wesen gegenüber als eine Vielheit der Erscheinung. Aber das Wesen ist doch der Erscheinung nicht fremd, sondern es ist in ihr selbst enthalten, und es ist das Wesen selbst, welches ebensowohl in der Erscheinung ist, wie es in sich ist, nur in anderer Weise. Die Erscheinung ist Erscheinung des Wesens; sie ist nicht durchaus etwas anderes als das Wesen, nicht dem Wesen fremdartig, sondern von dem Wesen durchwirkt und durchdrungen. Es gilt also dem Denken nicht sowohl zu der erscheinenden Vielheit das einheitliche Wesen von aussen hinzuzubringen, als vielmehr in der erscheinenden Vielheit selbst das Wesen als das Einheitliche zu ergreifen. Das Wesen ist die Sache selbst, ganz wie auch die Substanz dies ist; aber wo die Sache selbst als Wesen gedacht wird, da wird sie bloss als der einheitliche Grund gedacht zu allem dem, was an ihr erscheint. Neben dem, was Erscheinung des Wesens ist, findet sich dann auch solches, was unwesentlich und zufällig und also gar nicht die Sache selbst, nicht das Wesen und auch nicht des Wesens Erscheinung ist; aber selbst zwischen diesem Unwesentlichen und dem Wesen wird noch ein inneres Band festgehalten.

Unwesentlich ist an der Sache alles, was an ihr blosse Beziehung ist; so zunächst die Beziehung auf das Subjekt, wie alle Auffassung und Meinung, sodann die Beziehung zu anderen Sachen, ferner der Name und das Zeichen und überhaupt die ganze Reihe dessen, was nebensächlich, was verkleidende Hülle ist, was nicht die Hauptsache, den Kern, die Natur der Sache betrifft. Dieses Unwesentliche ist ganz ähnlich dem Accidentiellen, was den Gegensatz zu der Substanz bezeichnet; aber das Verhältnis zeigt doch auch die Abänderung, dass das Wesen zugleich als der innere Grund dieses äusserlich Anhaftenden gedacht wird, der auch noch dem letzten und gleichgiltigsten Anhängsel innewohnt. Das Nebensächliche und die Beziehung gehört eben auch zur Sache, wenn auch nur zur Erscheinung der Sache in ihrer äusseren Realität, und das Denken ist gewiss, in der Erscheinung mit allem Nebensächlichen, was ihr anhaften mag, die Hauptsache als das Wesen ergreifen zu können. In diesem Sinne wird in allem gesunden Denken ein Unterschied zwischen der Substanz und dem Wesen wirklich gemacht, wenn dieser

Unterschied auch nicht immer mit klarem Bewusstsein in der Zergliederung des Denkprozesses aufgezeigt und herausgehoben und wenn auch Substanz und Wesen vielfach miteinander vertauscht und verwechselt wird. Und nicht nur thatsächlich wird dieser Unterschied gemacht; es erweist sich leicht, dass es ein Wesens-Unterschied ist und dass es ganz verschiedene Gedankenreihen ergiebt, je nachdem man die Einheit in der Vielheit als Substanz oder als Wesen denkt.

Das Wesen steht im Gegensatze zum Unmittelbaren, zum Gegebenen, insbesondere zum Sinnlichen, zur nächsten Wahrnehmung, überhaupt zur Erscheinung und zur Existenz, wie sie sich darbietet. Das Wesen ist deshalb nicht das Ding in dem Sinne, wie die Substanz dinglich ist. Es liegt vielmehr hinter dem erscheinenden Dinge, es liegt ihm zu Grunde. Es ist das Verborgene, das, so sehr es sich in der Erscheinung darbieten mag, doch erst gesucht werden muss; es ist der Grund, aus dem diese Erscheinung stammt, für das Denken also das Vermittelte, das Nicht-Sinnliche, das das denkende Bewusstsein sich aus dem Sinnlichen erst zu gewinnen hat. Das Wesen ist dann der eigentliche Gegenstand, der in dem erscheinenden Gegenstande verborgen lag. Es ist die Natur des Wesens, dass es erscheint und in aller dieser Vielheit und allem Wechsel der Erscheinung zugleich es selber bleibt; aber es verbirgt sich hinter der Erscheinung, die auch das Unwesentliche enthält. Auch das Unwesentliche fliesst aus dem Wesen und gehört seiner Erscheinung an, und wenn es auch nicht das Wesen selber ist, so ist doch das Wesen auch noch in ihm enthalten; denn das Wesen ist dem nicht fremd und äusserlich, was von ihm gesetzt ist, sondern es bleibt demselben immanent und kann aus ihm wieder entnommen werden.

Das Wesen ist am Gegenstande das Bedeutsame, Charakteristische, das woran man ihn erkennt, was ihn auszeichnet und von anderem, ähnlichem unterscheidet. Aber es ist nicht bloss eines unter dem vielen, was auch am Gegenstande gefunden wird, sondern es macht die wahrhafte, die wirkliche Einheit in ihm aus, die Macht in ihm, die alles andere hervortreibt. So ist das Wesen zugleich das Wertvolle und Wichtige und steht zu den Zwecken des Menschen in nächster Beziehung. Zunächst gleich zu dem Zwecke des Erkennens. Das Wesen entspricht dem Begriffe des Gegenstandes. Es ist nicht der ganze Begriff, denn der Begriff enthält mehr als bloss das Wesen; aber es ist die eine Seite am Begriff, die nicht fehlen kann. Was dem Wesen angehört, das gehört auch dem Begriffe an, aber nicht umgekehrt. Aus dem Wesen fliesst am Gegenstande das, was an ihm das Wesentliche ist. So vermag sich das Wesen, das eines ist, auszubreiten, in eine Vielheit von Bestimmungen, von Merkmalen wie man sagt, überzugehen; aber die Vielheit der wesentlichen Merkmale wird durch das einheitliche Wesen innerlich zusammengehalten. Das Wesen ist der innere Grund dafür, dass diese Merkmale beisammen sind, und die wesentlichen Merkmale sind der Grund für die anderen, die nicht wesentlich sind. Die wesentlichen Merkmale sind immer da; aber nicht alle Merkmale, die immer da sind, sind auch wesentlich. Erst wenn man in ihnen die begründende Macht, vermittelst deren aus ihnen die anderen fliessen, nachweisen kann, dürfen sie als wesentlich gelten. Unter den abgeleiteten Merkmalen finden sich auch solche, die zur Sache selbst nichts beitragen, die unerheblich sind; denn es ist dem Wesen wesentlich, auch Unwesentliches zur Folge zu haben, solches, was der Erscheinung und nicht dem Wesen angehört. Der Unterschied des Wesens und des Unwesentlichen erstreckt sich dann weiter auch auf die anderen Zwecke des Menschen, und es kann das Wesentliche in verschiedener Beziehung sehr Verschiedenes sein. Für den Forstmann, den Baumeister und den Naturforscher giebt es am Baume Wesentliches und Unwesentliches, aber für jeden von ihnen ist das Wesentliche ebensowohl etwas anderes als das Unwesentliche. Der Psychologe hebt an der Handlung ganz anderes hervor, als der Rechtsgelehrte oder der Volkswirt. Die Wesensbeziehung ist aber bei aller Verschiedenheit dessen, was als das Wesen des Gegenstandes unter dem jedesmaligen Gesichtspunkt bestimmt wird, doch immer eine und dieselbe.

Den Gegenstand unter dem Schema des Wesens zu denken, ist durch die Natur des Denkens wie durch die Natur des Gegenstandes ganz ebenso gefordert, wie ihn unter dem Schema der Substanz zu denken; aber er wird so in anderer Weise gedacht, und diese andere Weise des Denkens bildet eine notwendige Ergänzung zu der zuerst bezeichneten. Wie das Äussere unter dem Schema der Substanz gedacht wird, so bildet die innere Welt die eigentliche Stätte für das Denken unter dem Schema des Wesens, und wo vom Wesen die Rede ist, da liegt immer das Gleichnis der inneren Welt vor. Die innere Welt ist uns aber ebenso gegeben und im Grunde noch ursprünglicher gegeben als die äussere Welt. Für die innere Welt fällt die Ausbreitung des räumlichen Nebeneinander fort; hier haben wir es nur mit zeitlicher Succession zu thun. Das Verschiedene, was aufeinander folgt und sich ablöst, ist aber zugleich zusammengehalten durch den einheitlichen Grund des sich in diesem Wechsel mit sich identisch erhaltenden Bewusstseins. Ich halte mich in aller Verschiedenheit der wechselnden Bewusstseinszustände als ein und dasselbe Subjekt fest, und diese wechselnden Zustände sind mir nicht äusserlich angeflogen, sondern die eine gleiche Innerlichkeit setzt sich durch sie alle hindurch fort und verbindet sie zur Einheit eines und desselben Lebensverlaufs. Diese Einheit als die Einheit des Ichs hat eine ganz andere und viel tiefere Bedeutung als die Identität der Substanz in dem Wechsel ihrer Accidenzen. Die wechselnden Bestimmungen des Ichs liegen bei aller ihrer Unterschiedenheit doch nicht aussereinander, wie sie auch nicht nebeneinander liegen, und so wenig sie das Ich selber sind, so wenig sind sie von dem Ich oder ist das Ich von ihnen getrennt. Man muss darin ein eigentümliches Verhältnis anerkennen, und gewaltsamer Zwang ist es, auf diese Innerlichkeit eben dieselben Gesichtspunkte anwenden zu wollen, die für den äusseren Gegenstand und für die räumlich sich ausbreitende Vielheit gelten. Wo von innerem Grunde die Rede ist im Gegensatze zum äusseren, da schwebt immer der Gedanke an den Zusammenhang in dieser inneren, der psychischen Welt vor, und dieser Zusammenhang hat seine besondere Art, hat sie mindestens schon deshalb, weil hier die räumliche Äusserlichkeit fortfällt. Und eben dieser innere Zusammenhang ist es, von dem die Rede ist, wenn wir im Gedanken die Vielheit der Erscheinung in der Einheit des Wesens zusammenfassen. So kann man ganz allgemein das Wesen auch als die Seele bezeichnen.

Einheit, Zusammenhang fordert das Denken ganz ebenso für die Vorgänge der inneren Welt, wie für die der äusseren. Aber das Denken kann sich hier nicht mit denselben Formen der Einheit behelfen wie dort; es bedarf energischerer Durchdringung des Vielen durch das Eine, und das blosse Anhaften der wechselnden Vielheit an der ruhig mit sich identisch verharrenden Einheit reicht hier nicht aus. Die Vielheit der Zustände, Thätigkeiten und Verhältnisse tritt auch nicht bloss äusserlich an das Eine heran; hier gilt nicht mehr blosse äussere Verursachung, sondern das Wesen selbst geht als einwohnender Grund in die Vielheit der Veränderung mit hinein. Das Wesen ist gar nichts weiter an sich, wenn man von dieser Vielheit absehen wollte, die ihm innerlich, nicht äusserlich ist. Das wechselnde Geschehen ist seine Geschichte, nicht bloss sein äusserliches Schicksal. In den wechselnden Bestimmungen, die sich zeitlich ablösen, drückt das Wesen sich aus; die Vielheit, wie sie hervortritt, ist seine eigene innere Vielheit, die es energisch zur Einheit zusammenbindet, und dieses Geschehen ist das Hervortreten aus dem Zustande der Latenz zur entfalteten Realität. Wo unter dem Schema des Wesens gedacht wird, da wird also innerhalb der Einheit eine innerliche, gebundene Vielheit und eine Lösung und Entfaltung gedacht, die das schon verborgen Vorhandene zu gesonderter Existenz entlässt. Es ist im eigentlichsten Sinne Evolution, was hier vorgeht. Es sondert sich von dem, was vorher eingeschachtelt ineinander war, das eine nach dem anderen, und in diesem Prozess der Sonderung bleibt das Wesen, das alle diese Besonderheiten umfasste, als das einigende Band. So lange wir aus zeitlicher Nähe den Vorgang beobachten, ist uns die Vielheit dieser Vorgänge und damit zugleich der ganze überwuchernde Reichtum des Unwesentlichen das Nächstliegende. Tritt die Erscheinung in grössere zeitliche Ferne, so wird der Blick für das Wesen geschärft, und alles Kleine und Unbedeutende, was ihm anhaftete, tritt in das Dunkel der Latenz zurück. Darauf beruht die idealisierende, die verklärende Macht der Zeitenferne, des Todes und der Erinnerung. Der Kleinigkeitsgeist, der es fertig bekommt, auch den Himmel und seine Gestirne in die Gewöhnlichkeit herabzuziehen, besteht in der unterwürfigen Hingebung an den zeitlichen Moment und die Unmittelbarkeit des in ihm Gegebenen. Sich aus dem Moment zu retten und über ihn zu erheben, ist das Kennzeichen des Sinnes für das Wesen. Aus diesem Sinne heraus zeichnet der Geschichtschreiber ein Ereignis, entwirft der Maler ein Portrait des Menschen, in dem das Wesen selbst uns verkörpert entgegentritt.

Unter dem Schema der Substanz erfassen wir die Zusammengehörigkeit der gesonderten Einzelheiten als den Vorgang einer äusserlichen Verursachung; unter dem Schema des Wesens nimmt der Begriff der Zusammengehörigkeit des Vorhergehenden und Nachfolgenden mit dem Gegebenen den Charakter innerer Begründung und damit ganz neue Züge an. Wir sind es allzusehr gewohnt, dass dies völlig missverstanden wird. Die an die Sinnlichkeit verhafteten Menschen, denen es ganz unmöglich ist, irgend ein anderes Seiendes zu begreifen als das von dinglicher Art, sind mit fanatischer Gleichmacherei darauf versessen, alles was ist und geschieht, und so auch die innere Welt unserer seelischen Vorgänge, unter das Schema der Substanz und damit der mechanischen Verursachung zu pressen. Eine ganz vergebliche Mühe, und deren Vergeblichkeit sich den sich darum Bemühenden beständig selbst erweist. Denn dergleichen kann man wohl sagen und zu denken sich einbilden; man kann es aber nicht wirklich und im Ernste denken. Vorstellungen, Empfindungen sind keine Dinge und können nicht als Dinge gedacht, nicht als Dinge im Denken behandelt werden. Dergleichen Versuche spotten ihrer selbst und werden zum Gespötte jedes Einsichtigeren. Man kann körperliche Atome nach Belieben sich stossen, drücken, schieben und ziehen lassen; mit Vorstellungen geht das nicht zu machen. Dass man es gleichwohl zu machen versucht, dass man damit eine Erklärung der seelischen Vorgänge zu erreichen geglaubt hat, das beweist nur, dass nichts so unverständig ist, was nicht seine Vertreter fände. Und doch muss das Denken auch zwischen diesen inneren Vorgängen eine Verknüpfung und einen Zusammenhang setzen, offenbar aber, dass diese Verknüpfung und dieser Zusammenhang ganz andere Züge tragen muss als bei körperlichen Dingen und bei Vorgängen mit körperlichen Dingen. Es genügt nicht dem eingeborenen Zuge des Denkens und nicht der Natur der gegebenen Thatsachen, wenn man nur mit einer einzigen Art des Zusammenhanges für alles auskommen zu können glaubt. Wenn aber gleichwohl nur eine Art gelten soll, so hätte die mechanische Kausalität den letzten Anspruch darauf, als das universelle Band der Wesen zu gelten. Das Erste und Nächste, was uns gegeben ist, das sind wir selber und unsere innere Welt, und der Zusammenhang, der in dieser Welt gilt, könnte weit eher den Anspruch erheben, als die reine Form jedes Zusammenhanges zwischen den Erscheinungen überhaupt zu gelten. Das ergäbe dann aber sicher nicht den Zusammenhang der mechanischen Verursachung, sondern den des inneren Grundes. Wir haben keinen besseren Ausdruck, darum nennen wir diesen Zusammenhang psychische Kausalität; wir erinnern uns aber dabei, dass diese Kausalität mit der mechanischen nichts gemein hat als eben dies, Zusammenhang zwischen Gesondertem, Dependenz überhaupt zu sein. Es ist hier nicht des Orts, diese psychische Kausalität, mit der die einzelnen Vorgänge unserer Innerlichkeit untereinander und mit den leiblichen Vorgängen einen einheitlichen Zusammenhang bilden, nach ihrer Eigenart noch weiter zu beschreiben. Es genügt zu sagen, dass wir von ihr die ursprünglichere und unmittelbarere Anschauung haben, und dass dieser Wesens-Zusammenhang uns, so weit wir nicht durch falsche Gewöhnung und Vorurteil befangen sind, bei weitem das Vertrautere und Verständlichere ist. Welche Geltung daneben noch die mechanische Kausalität, nicht als blosses Mittel der Konstruktion, sondern als Wesens-Erkenntnis in Anspruch nehmen darf, das ist die weitere Frage, die wir hier offen lassen müssen. Jedenfalls, wo Seele, Leben, Organismus ist, da reicht jener äussere Zusammenhang nicht aus; da ist das Denken gezwungen, zum Wesens-Zusammenhang zu greifen, um die Vielheit der Erscheinung begreiflich zu machen und sie in der Einheit des Grundes zusammenzufassen.

Nun wird sich auch wenigstens andeuten lassen, was unter diesem Gesichtspunkt das Gedächtnis bedeutet. Einheit und Identität haben wir, wenn wir von Substanz sprechen; Einheit und Identität haben wir auch, wo wir vom Wesen sprechen; aber hier haben wir eine mächtigere und innerlichere Einheit als die, von der zuerst die Rede war. Da ist ein mannigfaltiges, in der Zeit verlaufendes Geschehen, und die Einheit des Wesens, das sich in dieser Mannigfaltigkeit behauptet. Die Erscheinung bringt mit sich die Fülle des Unwesentlichen, das nicht bleibt, sondern vergeht; alles dieses Unmittelbare, in welchem das Wesen sich darstellt und ausdrückt, verflüchtigt sich, während das Wesen und das Wesentliche, das als Vielheit die Ausbreitung des Wesens in der Erscheinung bildet, bleibt. Dies nun gerade ist das W e s e n s - G e d ä c h t n i s. Wir sind gewohnt, dieses bleibende Wesen äusserlich als das Monument festzuhalten, im einfachen, grossen Umriss, abgelöst von störendem Beiwerk, vom Nebensächlichen, das die Sache selbst nur verdeckt. So stellt sich dem menschlichen Geschlechte seine ganze Vergangenheit in festen Formen als eine Weltgeschichte dar; so haben wir in unserem eigenen Innern jeder sein Leben in den wesentlichen Grundzügen präsent. In unserem gesamten Lebensprozess fällt das Nebensächliche von uns ab, und die Hauptsachen prägen sich uns ein. Durch die Identität des Wesens, die sich in jedem von uns in aller Veränderung erhält, bleibt jeder in der Hauptsache der er ist, und seine Gegenwart ist jedesmal der Niederschlag seiner Vergangenheit, aber unter Abstreifung dessen, was zum Wesen nicht gehört. Dieses im Gedächtnis erhaltene Wesen ist so ein Auszug und eine Einschränkung dessen, was zuvor in unübersehbarer Menge sich zerstreut und zersplittert hatte. Was als unser Wesen im Gedächtnis übrig bleibt, das ergiebt sich aus den wesentlichen Zwecken, nach denen jeder auf Grund seiner Eigentümlichkeit sich sein Leben gestaltet hat. Und wie nun das ganze innere Leben Entfaltung des Wesens ist, so ist auch die Identität, die dem Gedächtnis zu Grunde liegt, keine starre, veränderungslose, sondern eine lebendige und innerlich bewegte Identität. Der Gedächtnisinhalt empfängt von dem Wesen seine Form und seine Farbe und verändert sich mit dem Wandel der Innerlichkeit, in dem das Wesen sich entfaltet. Nicht nach Art von festen Dingen, sondern nach Art von regsamen Kräften sind die Gedächtnisbilder zu denken, und wie sie aufsteigen und gehen, das hängt ab von der Energie, mit der das Wesen als der innere Grund die Vielheit der inneren Vorgänge beherrscht, zügelt oder walten lässt.

Die Betrachtung der Vielheit unter dem Schema des Wesens bildet die notwendige Ergänzung zu ihrer Betrachtung unter dem Schema der Substanz; aber ein voller Abschluss und eine Ruhe ist auch damit noch nicht erreicht. Das Wesen ist der innere Grund für die Fülle der Erscheinung; die unmittelbare Vielheit ist damit aufgehoben in gedankenmässige Einheit. Aber immer noch steht Wesen neben Wesen in unbegrenzter Menge als eine Welt der Monaden, deren innerer Reichtum aus der Latenz hervortretend sich nacheinander abwickelt, und diese Monaden selber stehen gegeneinander selbständig in gleichgiltiger Vielheit wie eine Art von Substanzen, jede für sich das Ganze darstellend, so dass ihre Vielheit als eine überflüssige Wiederholung erscheint, in der nur immer derselbe Weltinhalt unzählige Male wiederkehrt. Und es hülfe auch nichts, über dieser Vielheit ein Wesen der Wesen zu denken, dessen Erscheinung diese Vielheit der Wesen bedeutete. Denn in Wirklichkeit wäre damit, wenn die Vielheit der Wesen mehr sein sollte als blosse Erscheinung, nur noch ein Wesen mehr gesetzt zu den übrigen, oder wenn jene unter der Einheit befassten Wesen nicht wirklich Wesen für sich sein, sondern doch wieder nur der Erscheinung angehören sollten, so wäre eine blosse Einheit gesetzt, gegen die alle Vielheit verschwinden müsste. Unter dem Schema des Wesens bleibt aber nur diese Wahl, den gesamten gegebenen Weltinhalt entweder als einen bloss erscheinenden in die Einheit des Wesens versinken, oder die Vielheit der selbständigen Realen als ein gleichgiltiges Nebeneinander ohne Wesensverschiedenheit stehen zu lassen. Bei keiner der beiden Möglichkeiten findet das Denken sein Genüge; jeder Ausweg aber, aus diesem Dilemma herauszukommen, ist abgeschnitten, so lange man immer nur den Gesichtspunkt des Wesens und seiner Erscheinung festhält. In Wahrheit greift denn auch das Denken fortwährend über diesen Gesichtspunkt hinüber, auch da, wo man sich dessen nicht ausdrücklich bewusst ist. Erst eine dritte Einheitsform, die zu den beiden genannten hinzutritt, gewährt dem Denken die Befriedigung, den gegebenen Weltinhalt sich völlig anzueignen und zu durchdringen.

VI.

Als Wesen und innerer Grund der Erscheinung wird jedesmal für einen bestimmten Kreis der Gesamterscheinung ein Bestimmtes erfasst; das ergiebt eine Vielheit, die dem Denken durch seine Natur wie durch die Natur des Seienden sich aufdrängt. Diese Vielheit ist von dem Denken nicht anders zu bewältigen, als indem es über den inneren Grund, wie er als das Wesen in dem bestimmten Erscheinungskreise gedacht wird, emporsteigt zu einem höheren Grunde, aus dem auch das Wesen in seiner jedesmaligen Bestimmtheit fliesst. Dieser höhere Grund ist dann eine Einheitsform, die die Vielheit der Wesen nicht bloss in sich trägt, sondern sie zugleich als beherrschende Macht zügelt und regiert. Die Wesen werden dadurch zum System, und die Einheit, die sich in ihnen darstellt, wird zum Allgemeinen, zum Begriff. Die Vielheit der Wesen wird durch den Begriff gegliedert und zum System zusammengehalten. Der Begriff ist das Gemeinsame in den vielen Wesen; aber weder gehört alles Gemeinsame dem Begriffe an, noch beschränkt sich der Begriff darauf, das Gemeinsame zu sein. Sondern das Gemeinsame, was ausserhalb des Wesens liegt, liegt auch ausserhalb des Begriffs, und mehr noch als in dem Setzen des Gemeinsamen erweist sich die Macht des Begriffs in dem Hervortreiben und in dem Beherrschen der Unterschiede. Unter dem Schema des Begriffes ist die Vielheit eine durch und durch bestimmte, und jedes Glied dieser Vielheit ebenso wieder durch und durch bestimmt, und dies Bestimmen und Auseinanderhalten ist genau so wie das Binden und Vereinigen die Funktion des Begriffs. In Wahrheit hat es das Denken überall mit solcher gebundenen, gegliederten Vielheit zu thun, und es kann ihm nichts gegeben werden, was nicht unmittelbar und auf einen Schlag als Glied in dieses System einträte. Damit ist die Vielheit der Gegenstände in einen ganz neuen und eigenartigen Zusammenhang gestellt. Überall ist das Allgemeine, aber nirgends ist es für sich. Es ist vorhanden als das Allgemeine im Besonderen und Einzelnen, unabtrennbar, einwohnend, als Moment, mächtig, wirksam, schöpferisch, eine Kraft des Gestaltens und Bestimmens, des Lenkens und Zurückholens, und doch auch wieder liberal genug, um eine Weite und Freiheit der Bewegung, der Abänderung und Abweichung zuzugestehen, die nur durch das feste begriffliche Mass in Schranken gehalten wird.

Die durch die bestimmende und begrenzende Macht des Allgemeinen beherrschte Vielheit ist so zunächst eine Vielheit der Gattungen und Arten, des ganzen weiten Reichs der Besonderheit, die jedesmal selbst wieder ein relativ Allgemeines bedeutet. Aber ins Unendliche kann der Reichtum der Besonderheit nicht verlaufen; das wäre wider die Natur des Begriffs und wider die in ihm gesetzte Richtung auf feste Grenze in aller Vielheit und Verschiedenheit. Weder nach oben hin noch nach unten hin mangelt es an einem Letzten. Nach oben hin wird notwendig eine oberste Einheit gedacht, die der begriffliche Grund für alle Vielheit ist; sie kann als dieser begriffliche Grund nur die Natur des Geistes selbst haben. Sie ist absoluter Geist, der sich selbst und mit sich alles andere setzt, schlechthin thätig, sich selbst und darin zugleich alles andere erzeugend. Nach unten hin aber verläuft die Besonderheit in das Einzelne als ihre absolute Grenze. Nicht so, als wäre das Einzelne bloss Einzelnes und nicht auch Allgemeines; sondern das Einzelne als solches ist eine Abstraktion, die nur als Moment am Seienden gefunden wird, aber niemals für sich ist. Das wirkliche Einzelne ist vielmehr das Allgemeine in der Form der Einzelheit, und so wird es am besten als Individuum bezeichnet. Wobei nur festzuhalten ist, dass es Grade der Individualität giebt, von der äusserlichsten und gleichgiltigsten Verschiedenheit an bis zu der durchgreifendsten und inhaltreichsten Gegensätzlichkeit. Zwar blosse numerische Verschiedenheit kann es niemals geben und wird nirgends gefunden; was da ist, auch innerhalb derselben Art, das ist auch innerlich durchweg bestimmt, unterschieden und unterscheidbar. Aber es giebt solches, dessen Verschiedenheit sich solcher numerischen Verschiedenheit, die Andersheit nur nach Ort und Zeit ergiebt, annähert, wie etwa zwei Massenteilchen, und durch alle möglichen Zwischenstufen hindurch solches, was innerhalb derselben Art als einziger und unvergleichlicher Typus Verwirklichung eines unendlichen geistigen Gehalts und schlechthin unersetzbar und unvertretbar ist wie die grossen geschichtlichen menschlichen Persönlichkeiten. Immer aber ist das, was man das Einzelne nennt, ein solches, was im Verlaufe der Zeit eine Unendlichkeit verschiedener Zustände durchmacht, was alle diese Verschiedenheiten in sich zur Einheit bindet und sich in diesem Wandel als dasselbe erhält, wozu man als zu demselbigen immer wieder zurückkehren und an dem man immer wieder neues und anderes auffassen kann. In dieser seiner Thätigkeit sich selbst zu erhalten und die unendliche Verschiedenheit in der Dasselbigkeit seines Wesens zur Einheit zu verbinden, ist alles Einzelne thätiges Allgemeines.

So ist es denn auch eine grobe Täuschung des am Sinnlichen haftenden Verstandes, die geläufige Annahme, als wäre uns zuerst und ursprünglich das Einzelne gegeben und erst nachträglich von uns durch Abstraktion das Allgemeine hinzu ersonnen. Vielmehr das Allgemeine, wenigstens in seiner einfachsten und am meisten schematischen Form, ist notwendigerweise das zuerst Gegebene. Denn ohne das Allgemeine könnte uns gar nichts gegeben werden. Was wäre das, was weder ein Baum, noch ein Fisch, noch ein Stein, noch eine Empfindung, noch eine Vorstellung oder irgend etwas dergleichen wäre? Offenbar wäre es gar nichts, weder an sich, noch für irgend eine Innerlichkeit. Das ist also der Fortschritt im Erfassen des Objekts, dass mit der schematischen Allgemeinheit als Bedingung für das Gegebensein irgend eines Inhaltes begonnen und zu immer grösserer Bestimmtheit und Festigkeit im Festhalten des Einzelnen fortgeschritten wird. Und wenn der Unterschied angegeben werden sollte zwischen niederen Stufen des Erkenntnisvermögens, etwa beim Kinde oder beim Tiere, und den höchsten Stufen, so würde er nicht darin gesucht werden können, dass dort nur das Einzelne, hier aber auch das Allgemeine erfasst würde, sondern umgekehrt darin, dass das Tier, das Kind, der Ungebildete alles nur in schematischem Umriss als Allgemeinvorstellung erblickt, der im Denken geübte Mensch dagegen das Konkrete, Individuelle, durchaus Bestimmte zu erfassen vermag.

Das Einzelne, das schlechthin nicht allgemeines wäre, könnten wir nur haben als Inhalt einer Empfindung in einem unteilbaren Momente der Zeit, als Gegenstand in einem unteilbaren Punkte des Raumes. So aber kann uns nichts gegeben sein. Was uns gegeben ist, ist uns immer durch einen zeitlichen Verlauf gegeben, ist immer ein Vergangenes, Aufgehobenes, worin eine Vielheit von Vergangenem und Aufgehobenem gebunden ist. So ist auch der Punkt im Raume nichts für sich, sondern nur als ein durch Abstraktion Festzulegendes in dem nimmer rastenden Flusse der Bewegung kommt er vor. Das Einzelne lässt sich ebensowenig als etwas für sich denken, wie es sich als etwas für sich sagen lässt. Es ist immer nur Erzeugnis der Abstraktion, das getrennt vom Allgemeinen keine Existenz oder Realität hat. Und vom Allgemeinen gilt ganz das Gleiche. Es ist gebunden an das, was von ihm beherrscht, bestimmt, gezügelt wird, eine thätige Macht, die ohne den Stoff, an dem sie sich offenbart, nicht mehr wäre als das leere Nichts. Wirklichkeit ist überall und auf allen Gebieten nur dieses Gewebe des durch die Macht des Begriffes gezügelten, an sich unbestimmten Werdens, an dem sich beide Momente unterscheiden lassen, die Tendenz zur Unbestimmtheit und die bestimmende, begrenzende Macht des Begriffs.

So wird die Welt unter dem Schema des Begriffs gedacht als durchaus gegliedertes Reich der durch das Allgemeine beherrschten Unterschiedenheit. Die Objekte des Denkens gruppieren sich nach Gattungen und Arten in immer weiter absteigender Reihe. Die Vielheit wird zu begrifflicher Sonderung, die Verschiedenheit zu geordneter Mannigfaltigkeit. Das Allgemeine ist die Einheit, der die Vielheit nicht fremd ist, sondern die an ihr den Ausdruck ihres inneren Reichtums, das Erzeugnis ihrer schöpferischen Kraft besitzt. Das Allgemeine wiederholt sich im Besonderen und im Einzelnen, und doch nicht in gleichgiltiger Weise. Es kehrt in dem Verschiedenen als das Identische wieder; im Ungleichen ist es das Gleiche, in der auseinander fallenden Vielheit das zusammenhaltende Band. Aber so wird es doch nicht bloss gefunden, sondern es selber stellt sich immer wieder her durch seine Macht, ebensowohl die Vielheit aus sich zu entlassen, als sie wieder in sich zurückzunehmen. Nun mag der Strom des Werdens rastlos fluten: es finden sich doch immer wieder dieselben Gestalten ein. Die Tendenz zum Grenzenlosen mag sich noch so gewaltig regen: das Allgemeine zeichnet doch immer wieder die Formen vor, in denen alle Bewegung sich vollzieht und die alle Gebilde durchdringen. Nicht Gleichheit oder Ähnlichkeit überhaupt bezeichnet dieses Allgemeine, sondern Wesens-Gleichheit und Wesens-Ähnlichkeit. Die Menschen mit gleichen Rufnamen oder die Menschen mit ähnlicher Haarfarbe — das ergiebt noch keine Gattung, auch nicht, wenn man dergleichen Ähnlichkeiten in Masse aufzeigen könnte. Alle Wörter mit gleichem Anfangsbuchstaben, oder alle Bäume mit verletzter Rinde, oder alle Städte mit künstlicher Wasserleitung lassen sich wohl irgendwie in Gedanken zusammenfassen und praktisch gleichmässig behandeln: aber Gattungen sind das nicht und auch keine wahrhaften Allgemeinheiten. Das wahrhaft Allgemeine ist der Begriff als der Wesensgrund, der Wesen an Wesen knüpft, der die Entstehung beherrscht und die Ausbildung bestimmt, der Masse und Grenzen setzt und der Überschreitung wehrt, der das beherrschende Gesetz der Form und den Spielraum für die Abweichung in sich enthält. Denn der Begriff ist fern davon, tote, starre Gleichförmigkeit zu verlangen. Seine Unterschiede, wie er sie setzt, sind seine eigenen, seine inneren Unterschiede. Alle Ordnung und alle Gliederung beruht auf ihm; wie er die Unterschiede aus seinem Reichtum hervortreibt, so durchdringt er sie auch und sammelt sie zu einem geordneten Reiche. In dieser unablässig nach allen Richtungen bewegten und auseinander stiebenden Welt kehren doch immer dieselben Formen und Gestalten wieder; das Geschehen vollzieht sich nach festen Gesetzen. Es sind immer wieder dieselben Bedingungen gegeben, und es ergeben sich immer wieder dieselben Gebilde. Nichts Neues unter der Sonne. Und doch stellt sich die grenzenlose Mannigfaltigkeit auf allen Punkten und zu jeder Zeit verwirrend ein. Kein Individuum ist wie das andere. Der Begriff setzt gebieterisch seine Unterschiede, aber er lässt weitherzig die begrifflosen Unterschiede walten. Das Thema kehrt wieder, aber in unzähligen Variationen. Die Grenzen sind gezogen, aber innerhalb dieser Grenzen tummelt sich mit unbegrenzter Lust am freien Spiel der Einfälle und Zufälle die launenhafte Mannigfaltigkeit der Exemplare des Begriffs. Die Sphäre ist weit genug geöffnet, um ebenso, wie für die sichere Herrschermacht des Begriffs auch noch für den lebensvollen Reichtum spielender Verschiedenheit Raum zu lassen. Die

Herrschaft des Begriffs ist keine Tyrannei, ihr Bestand ruht nicht auf äusserem Zwang. Wie er selber der fruchtbare Mutterschoss ist, dem sich die Unterschiede entwinden, so sind alle Gebilde in dieser Welt der Freiheit Zeugen seiner Herrlichkeit, die dem von ihm Beherrschten seine freie Lebendigkeit neidlos gönnt und zugesteht.

Nirgends ertappt der Gedanke die Natur und Wirkungsweise des Begriffs so unmittelbar wie in der Welt der lebenden Wesen. Hier drängt sich in der unendlichen Buntheit der Erscheinungen die Wiederkehr der gleichen Formen, der bestimmenden Masse, der herrschenden Gesetze, die geordnete Fülle der Gattungen und Arten, die unerschöpfliche Mannigfaltigkeit der Abwandlung im einzelnen am zwingendsten auf. Dieses gehaltene und gebundene Werden aber vollzieht sich auf dem Wege der Zeugung; Zeugung ist die Wirkungsweise des Begriffs. Was geschieht in der Zeugung? Wir haben hier ein Geschehen, bei dem immer das Bestimmte herauskommt, dessen Form und Mass von vornherein festgelegt ist. Und zwar das was herauskommt, das Gezeugte, ist seinem Begriffe nach genau dasselbe wie das, was vorausgegeben war, das Zeugende. Real vorhanden sind zunächst die Eltern. Durch ihr Zeugen entspinnt sich ein Geschehen von unendlich vielen Stadien und unendlicher Verwicklung unter einer unausdenkbaren Mannigfaltigkeit verschiedenartigster Bedingungen; aber in der Anlage der Eltern liegt der Grund dafür, dass der Ausgang dieses Geschehens völlig bestimmt ist. Denn der Mensch zeugt den Menschen, der Löwe den Löwen und der Adler den Adler. Aus der Eichel kommt immer wieder die Eiche und aus den Sporen des Pilzes der Pilz. Dieses Verhältnis nun, dass das, was als Ergebnis des realen Geschehens herauskommt, vor dem Geschehen ideell vorausgegeben war und die Macht hatte, dies Geschehen nach sich zu bestimmen und zu beherrschen, dies heisst das Zweckverhältnis.

Menschliche Zwecksetzung mit bestimmter Absicht und kluger Auswahl der Mittel ist nur ein besonderer Fall dieser allgemeinen Erscheinung. Es ist grundverkehrt, das, was das unterscheidende Kennzeichen dieser menschlichen Zweckthätigkeit ist, massgebend zu machen für alle Erscheinungsformen zweckmässigen Geschehens und die Zweckthätigkeit überall da zu leugnen, wo jenes Kennzeichen nicht vorhanden ist. Unter dem Gesichtspunkte des Begriffs ist die Zweckthätigkeit die allumfassende Form alles Geschehens. Denn in allem Geschehen in dieser geordneten Welt wiederholen sich die festen Gestalten. Es erhält sich das Gebildete, und in allem Entstehen und Vergehen kehren die gleichen Formen, die gleichen Bedingungen und Gesetze wieder. Eben dies, dass kein Geschehen sich ins Unbestimmte verläuft, das Grenzenlose nirgends zur Thatsache wird, überall Bestimmtheit und Gebundenheit herrscht, und alles freie Spiel der ins Ungebundene strebenden Kräfte schliesslich doch das Vorausgegebene, die Gattungen und Arten der Dinge wie der Vorgänge, wiederholen muss, dass die Abweichung selber mit voller Sicherheit in die festgelegte Bahn zurückgeholt wird: — eben dies ist die Zweckmässigkeit in der Welt, und diese Zweckmässigkeit ist ausnahmslos und allumfassend. Nur wenn die Welt das Chaos wäre, dürfte man ihr die Zweckthätigkeit bestreiten. Die Welt ist aber nicht das Chaos, und nirgends in der Welt hat das Chaotische einen Platz. Denn die Welt ist denkbar und wird gedacht; gedacht aber wird in Begriffen. Und die Welt, die in Begriffen gedacht wird, wie alles in der Welt, muss selber begriffliche Natur an sich tragen. Auch das lässt sich leugnen nur in Worten und in unverstandener Meinung, die sich selbst nicht versteht. Denn indem man es leugnet, behauptet man es. Man kann es nur leugnen, während man zugleich die Welt als eine begriffliche in Begriffen denkt.

Ist die Welt kein Chaos, sondern herrscht in ihr überall die bestimmte Gestalt, so ergiebt sich leicht, dass auch das scheinbar Unzweckmässige in ihr vielmehr den triftigen Beweis für die durchgängige Herrschaft des Zweckes liefert. Denn wenn der Begriff als Zweck herrscht, so muss er auch etwas haben, worüber er herrscht; dies aber muss das relativ Begrifflose und Zwecklose sein, was die Natur und Anlage hat, vom Begriffe und Zwecke beherrscht und durchdrungen werden zu können. Zweck kann nur sein, wo Widerstand ist, an dem der Zweck sich erprobt. Denn fiele der Widerstand weg, so fiele auch das Geschehen weg. Der ideelle Anfang und der reale Ausgang fiele in eins zusammen; es gäbe überhaupt keine Vielheit mehr, weder im Sein noch im Geschehen; es bliebe nur eines übrig, und dieses Eine wäre das Nichts. Die Vielheit, die zwischen inne liegt zwischen dem Anfang und dem Ende, gehört also zum Zweck, damit eine Zweckthätigkeit sein könne; sie gehört zum Zweck als das System der Mittel. Sie ist unzweckmässig, sofern sie noch nicht vom Zweck durchdrungen ist und ihm Widerstand leistet; sie ist das Zweckmässige selber, sofern sie dem Zwecke zugänglich, von ihm lenkbar und bestimmbar ist und den Zweckprozess immer aufs neue entzündet. Das ist der Sinn alles Unzweckmässigen, Irrationalen, Begriffslosen, nur relativ unzweckmässig, irrational und begriffslos zu sein als das System der Mittel, durch das, und als das Reich des Stoffes, in dem der Begriff als der Zweck seine Herrlichkeit offenbart.

So ist denn der Begriff thätig als Grund, und wie die Substanz äusserer Grund oder Ursache, wie das Wesen innerer Grund ist, so giebt es auch einen begrifflichen Grund. Dieser begriffliche Grund ist noch innerlicher als der Wesensgrund. Das Substrat für das Schema des Wesens war uns die innere Welt der seelischen Vorgänge im Gegensatze zur äusseren Verursachung, wie sie unter dem Schema der Substanz gedacht wird. Das Substrat für den begrifflichen Grund ist uns gegeben in der Verkettung der Gedanken, die beiden Welten zugleich angehört, der inneren Welt und der äusseren, und für beide das einigende Band ist. Der Gedanke aber zeugt den Gedanken. Er ist das Urbild alles Organischen, alles Lebens und aller Zweckbeziehung. Es ist ein Geschehen, aber kein zeitliches, sondern ein ewiges Geschehen. Der Gedanke ruft den Gedanken, das Prinzip seine Konsequenz, der Zweck das Mittel; aber nur scheinbar ist darin die zeitliche Aufeinanderfolge. Der wahre Vorgang darin ist ein ewiger Zusammenhang. Der Begriff, wie er sich als Zweck in dem gegebenen Material vollzieht, wird die Idee genannt. Als Idee beherrscht der Begriff mit dem Charakter der Ewigkeit alles zeitliche Geschehen. Was in der Idee enthalten ist, entfaltet sich in zeitlicher Aufeinanderfolge, aber so, dass das Geschehen nicht von aussen gezwungen, sondern frei von innen heraus den Inhalt der Idee verwirklicht. Es ist aber keine blosse Entfaltung, Evolution, die nur das vorher schon Vorhandene, aber in der Latenz Vorhandene, zu gesonderter Erscheinung brächte, sondern es ist wirkliche Entwicklung, freie Verwirklichung der Anlage, so dass für die Verschiedenheit und Eigenart im Geschehen und Bilden Raum gelassen ist und der Reichtum der Idee sich ausspricht in der Fülle des immer Neuen, der unvertretbaren Individualität. Diese Thätigkeit der Idee, die unbegrenzte Verschiedenheit in dem Realen zugleich walten zu lassen und doch vor der Ausschreitung zu bewahren, den auftauchenden Widerspruch zu lösen und in aller Mannigfaltigkeit die Einheit wiederherzustellen, ist das Kennzeichen der Vernunft. Der stets sich erneuernde Sieg der Vernunft über allen Widerstand bezeichnet die Art und Weise, mit der der Begriff als Grund das Dasein in der inneren wie in der äusseren Welt beherrscht und leitet.

VII.

Diejenige Äusserung der Einheitsfunktion, die sich unter dem Schema des Begriffes vollzieht, ist thatsächlich in dem Denken aller Menschen die herrschende. Das kann schon wegen der Natur der Sprache nicht anders sein, deren gesamtes Zeichen-System auf der Gliederung der Erscheinungen nach Gattungen und Arten beruht und im Erfassen des Allgemeinen wurzelt. In sprachlicher Form aber vollzieht sich alles Denken. Allerdings, dem Bewusstsein der Menschen, wenn sie sich über ihr Denken Rechenschaft ablegen wollen, stellt sich die Sache ganz anders dar. Denn nicht bloss die ungebildeten und im Denken ungeübten Menschen, sondern auch viele von den fach- und kunstmässigen Denkern bannt die sinnliche Vorstellung in ihre Schranken, so dass sie über diese nicht hinaussehen können. Die Form der Allgemeinheit und des Begriffs, in der ihr Sprechen und Denken wirklich geschieht, erscheint ihnen als eine bloss subjektive, künstlich zu bestimmten Zwecken erfundene, die mit der Natur der Dinge selbst nichts zu thun habe, und sie meinen allen Ernstes, dieses Beirrende ablegen zu können und zu sollen. Und selbst das Schema des Wesens, so unvermeidlich es ihrem Denken zu Grunde liegt, bleibt doch ihrem Bewusstsein fremd.

Im vollen Gegensatze zu der Form, in der sich ihr Denken wirklich vollzieht, meinen sie mit dem Schema der Substanz überall auskommen zu können und keines weiteren zu bedürfen. Die Thatsächlichkeit des sinnlichen Dinges als des Gegenstandes der äusseren Wahrnehmung und des Trägers der sinnlichen Erscheinungen hält ihr Urteil so gefesselt, dass sie alles, was im Denken vorkommt, in diese gleiche Form einzuspannen immer wieder den Versuch machen und sich auch durch die völlige Undenkbarkeit der so gewonnenen Meinungen von solchen Versuchen nicht abschrecken lassen. In ihrer fanatischen Festigkeit bleiben sie gegen alle bessere Überlegung gewappnet und sperren sich gegen jede Belehrung ab. Und doch sollte die eine Thatsache des Gedächtnisses ausreichen, um sie von der wahren Natur ihres Denkens und dem Reichtum der Gestaltung desselben, der sich auf jene ärmste Form keineswegs einschränken lässt, zu überführen, wenn es überhaupt irgend etwas im Himmel oder auf Erden gäbe, was diese Leute zu dem Bekenntnis zu bewegen vermöchte, überführt zu sein.

Gedächtnis im eigentlichen Sinne kann es nur geben bei den Gegenständen, die unter dem Schema des Begriffs gedacht werden. Das Ding verändert sich; es ist nachher nicht, wie es vorher war. Wird ihm dennoch Identität zugeschrieben mitten im Wechsel dessen, was ihm zustösst oder entgleitet, so ist diese Identität nicht seine eigene, sondern eine ihm von aussen angethane. Dieser Tisch oder dieses Haus hat eine Einheit und einen gleichen Bestand wohl für mich, der nach seinen Zwecken oder nach blosser Gewöhnung sich diese Einheit setzt und in der Veränderung das Ding als dasselbige festhält; aber an sich haben sie keinen Bestand und keine Kraft, sich in dieser Einheit selbst zu erhalten. So lange ich etwas bloss als Ding ansehe, kann ich ebensogut wie das Ding auch jeden seiner Teile als Einheit ansehen und als Einheit in der zeitlichen Veränderung festhalten und kann es ebenso machen mit den Teilen dieser Teile und so fort ins Unendliche. Das Ganze ist ebensowenig Einheit an sich wie der Teil, und seine Identität im Wechsel der Zeiten ist ebensowenig eine an sich seiende, wie es beim Teile oder dem Teile des Teils der Fall ist. Andererseits, wo bloss unter dem Schema des Wesens gedacht wird, da ist wohl eine Vielheit von bleibenden und beständigen Monaden; aber dafür giebt es hier kein wirkliches Geschehen, keine echte Veränderung. Das Wesen behauptet sich nicht eigentlich, es besteht nur fort in der Mannigfaltigkeit seiner Erscheinung, die es gar nicht tiefer berührt; denn es spielt sich ja nur ab, was ein für allemal auf der Walze aufgetragen war, ein überall gleicher, nirgends neuer oder eigentümlicher Inhalt. Da ist kein wirklicher Kampf und Gegensatz, nur eine erscheinende Mannigfaltigkeit in der Einheit des Wesens, und darum auch nicht die wahrhafte Form des Gedächtnisses, dass das Vergangene über die Zeit und die Vergänglichkeit triumphiert und fortbesteht, obwohl es doch vergangen ist. Erst das, was unter dem Schema des Begriffs gedacht wird, ist wahrhaft individuell, durch und durch bestimmt, an sich und in sich geschlossene Einheit, Gattungswesen als Einzelfall eines Allgemeinen, Verwirklichung des Begriffes in unvergleichlicher und unersetzlicher Einzelheit. Und dieses Einzelwesen erfährt an sich fortwährende Veränderung und behauptet sich in dieser Veränderung als eines und dasselbe, nicht so, dass es nur von aussen festgehalten würde, sondern so, dass es sich selber festhält, sich in seiner Einheit behauptet und durch eigene Thätigkeit bleibt, was es war, und ist, was es sein wird. Erst diese Form der Identität des bestimmten einzelnen Seienden mit sich darf wirklich Gedächtnis heissen. Das Individuum, das allgemeines ist in der Form der Einzelheit und einzelnes in der Form der Allgemeinheit, hat sein Gedächtnis daran, dass es ist, was es war, dass seine Vergangenheit für es nicht vergangen ist, sondern fortdauert, dass seine Zustände und Veränderungen in ihm gegenwärtig bleiben als Momente dessen, was es ist und was es hat.

Veränderung mit den beschriebenen Kennzeichen nun heisst Leben. Dasjenige lebt, was sich durch innere Kräfte und eigene Thätigkeit in der Veränderung eines Geschehens von unendlicher Mannigfaltigkeit in Einheit mit sich erhält als ein in sich geschlossenes, durchaus bestimmtes Individuelles. Wo Leben ist, da ist auch wirkliche Veränderung, ein eigentliches Geschehen im höchsten Sinne des Wortes, nicht blosse Entfaltung eines schon vorhandenen, nur in der Latenz befindlichen Mannigfaltigen von Zuständen, sondern ein beständiges Auftreten von neuem Inhalt, der so noch nicht da war, und doch wieder nicht ein Herantreten von beliebigem äusserlichem und gleichgiltigem Inhalt an das Lebendige, sondern zugleich ein Ausblühen aus der eigenen inneren Kraft, ein Verwirklichen der in dem Umkreis des Einzelwesens liegenden Möglichkeiten, eine Erfüllung der Anlage, eine Herausbildung des noch unbestimmten Inneren zu bestimmter Gestalt. Und in diesem reichen Geschehen nun bleibt die Einheit des Lebendigen mit sich gewahrt. Die Mannigfaltigkeit des Geschehens hat keine Macht über die Einheit, sondern die Einheit hat die Macht über die Mannigfaltigkeit. Die Einheit ist das Durchdringende, Übermächtige, und alle Zufälle und Vorgänge müssen doch schliesslich dazu dienen, damit dieses einzelne Seiende werde, was es werden kann, und seine Anlage sich realisiere. Alles, was mit diesem Einzelwesen geschieht, das ganze Universum, das auf dieses Einzelwesen von allen Seiten eindringt, wird beständig so gelenkt und gebändigt, dass dieses Wesen sich darin behauptet als das, was es war und was es bleiben muss. In diesem Sinne heisst die sich erhaltende Einheit und Dieselbigkeit der Zweck; das gesamte Geschehen mit allem seinem Reichtum ist ein System von Mitteln für diesen Zweck, und der Lebensprozess des sich von innen behauptenden Wesens wird Entwicklung genannt.

Etwas entwickelt sich, das heisst, es verändert sich zwar, aber es wird nichts anderes. Es nimmt neue Bestimmungen an, aber diese Bestimmungen erwachsen ihm aus seinem eigenen Vermögen. Es steht mitten unter den Bedingungen des rastlos sich bewegenden Universums und empfängt Einwirkungen von allen Seiten; aber was mit ihm geschieht, das ist in seiner Anlage vorgesehen und vorgedeutet, und ausser dieser seiner natürlichen Anlage kann ihm nichts geschehen und nichts begegnen. Nicht alle Möglichkeiten, die in seiner Anlage enthalten sind, werden realisiert, sondern nur einige; aber gerade dadurch wird das sich Entwickelnde etwas durchaus Bestimmtes und durchaus Singuläres. Entwicklung ist stetige Aufeinanderfolge des Verschiedenen, die eine bestimmte Richtung innehält. Sie hat bestimmten Ausgang und bestimmtes Ende, und zwischen Anfang und Ende einen bestimmten Weg mit bestimmten Stadien. Zwischen solchen Stadien bleibt immerhin ein Sprung; aber es herrscht die Tendenz vor zur Stetigkeit und Ausgleichung, so dass das Verschiedene zu möglichst naher Berührung gelangt, und der Unterschied zwar immer noch ein bestimmter bleibt, aber möglichst verringert wird. Und weil die Erhaltung des sich Entwickelnden in seiner Einheit und die Verwirklichung der Anlage alle Veränderung als das durch sie zu Bewirkende durchdringt, dem die Veränderung dienen muss und das sie nicht hindern darf, so haben die verschiedenen Stadien, wie sie aufeinander folgen, auch in Beziehung auf solchen Zweck, der sie als immanente Macht bindet, verschiedenen Wert, und das Geschehen ist dadurch ein Wachsen und Blühen, Zeugen und Fruchttragen, Welken und Schwinden. Wo Entwicklung gedacht wird, da wird eben dies gedacht, und dieses so gekennzeichnete Geschehen ist ein Geschehen unter der Macht des Begriffes.

Damit das Geschehen Entwicklung sein könne, muss das, woran das Geschehen sich vollzieht, bestimmtes Einzelwesen sein, dessen Form sich erhält, mögen auch die Stoffe wechseln. Dieses lebendige Einzelwesen von bestimmter Form und mit einem in bestimmten Stadien verlaufenden Lebensprozess haben die Neueren sich gewöhnt, in seiner primitivsten und ärmsten Gestalt eine Zelle zu nennen. Es liesse sich denken, dass man, ebenso wie man in den zusammengesetzteren organischen Gebilden die Zelle als ursprüngliches organisches Element festzuhalten gelernt hat, über das was man heute als das einfachste geschlossene lebendige Gebilde kennt, sich gezwungen sehen wird, hinauszugehen zu noch Einfacherem und noch mehr Elementarem; aber der wesentliche Charakter wird eben derselbe bleiben, wie weit man auch immer vom Zusammengesetzten auf noch Einfacheres zurückgehe. Eben darum können wir uns auch für das erste Lebendige, wie weit es auch zurückliege, des Ausdrucks Zelle bedienen. Die Zelle hat, so einfach oder so verwickelt ihr Bau sein mag, ihre eigentümliche Form und bewahrt sie; sie hat ihre eigentümliche Anlage und entwickelt sie. Sie ist Einheit an sich und wird als solche gefunden, nicht bloss künstlich dazu erhoben; sie besitzt ein System von Kräften, die jegliches, was mit ihr geschieht, in eine bestimmte Bahn lenken und sich nicht irre machen lassen. Durch solche inneren Kräfte bleibt sie in Identität mit sich; diese Identität wird ihr nicht von aussen geliehen. Nicht im kleinsten Zeitteilchen bleibt sie ganz wie sie war; unendlich vieles geht mit ihr in dem kontinuierlichen Zeitenstrome vor, und sie ist offen und zugänglich für die Einwirkung aller Dinge rings um sie her, des ganzen sich rastlos bewegenden Weltalls. Aber was mit ihr vorgeht, das ist für sie nicht vergangen noch verloren; es bleibt in ihr aufbewahrt und dient ihrer Entwickelung. Die Zelle hat Glieder; denn alle Teile sind in ihr auf die lebendige Einheit bezogen, die sich diese Glieder immer wieder neu anbildet, und wie die Glieder aus der Einheit hervorgehen, so erzeugt sich die Einheit immer wieder aus den Gliedern. Mit ihren Gliedern wird die Zelle selbst reicher und mächtiger. Es wächst ihr Vermögen, und wenn sie selbst zerfallen muss, weil ihre Kraft der Selbsterhaltung endlich ist und sich nach längerer oder kürzerer Zeit erschöpft, so hat sie aus ihrem Vermögen andere Wesen ihrer Art und Form hervorgebracht, so dass die Gattung fortbesteht im Wechsel der Individuen.

Die lebende Zelle hat somit eine wirkliche Geschichte. Denn alle Veränderung, die mit ihr vorgegangen ist, bildet ihren gegenwärtigen Bestand. Wie sie jedesmal ist, das ist das Erzeugnis ihrer gesamten Vergangenheit. Das blosse Ding hat keine Geschichte. Denn was das Ding erleidet, das bleibt nicht, weil das Ding nicht bleibt, weil es keine Einheit noch Identität an sich hat und sich nicht selbst in solchem Bestande erhält. Was dagegen der lebendigen Zelle geschieht, das bildet eine Veränderung in dem einheitlichen, sich in seiner Form und seinem Bestande erhaltenden Wesen. Alles wird hier aufgespeichert und erscheint in der Modifikation der dem Wesen eigenen Form wieder, nicht als eine blosse äussere Summe oder Anhäufung, sondern als unaufhebbarer Faktor in der gesamten Bestimmtheit des Wesens, der im Zusammenwirken mit allen anderen Erlebnissen dieses bestimmte Einzelwesen in seiner unvergleichlichen Singularität hat gestalten helfen. Und alles was dieses Einzelwesen noch weiter werden kann, das wird durch seine gesamte Vergangenheit festgelegt. Das Vergangene ist im Gegenwärtigen aufbewahrt und bestimmt das Zukünftige. Die innere Macht, die das Wesen besitzt, sich in seiner Einheit zu erhalten, wird beständig modifiziert durch das, was mit ihm vorgegangen ist und vorgeht; aber aus der gattungsmässigen begrifflichen Form fällt es trotzdem nicht heraus, und schliesslich dient alles Erlebnis dazu, die Kraft der Selbstbehauptung daran zu bewähren. Allem Kommenden steht das Wesen mit der durch seine Vergangenheit erlangten Macht gegenüber, und jede spätere Einwirkung, die es erfährt, wird durch die gewordene und entwickelte Eigentümlichkeit bestimmt und abgeändert. In alledem ist die lebendige Zelle das elementare Urbild unseres Ich und das Erlebnis der Zelle die einfachste Abspiegelung des unendlich reichhaltigen Geschehens, von dem uns unser Selbstbewusstsein Kunde giebt. Die Erfahrung dieses Selbstbewusstseins wird in der That für uns zum Ausgangspunkt, von dem aus wir die Lebensprozesse in allem, was uns die Erfahrung draussen darbietet, zu verstehen versuchen müssen.

VIII.

Im Ich ist das alles versammelt und potenziert, was sich uns in dem elementaren Leben der Zelle objektiv darbietet. Das Ich ist im höchsten Sinne die Macht, sich mitten in dem Wechsel des Erlebens und der Veränderung in Einheit und Identität mit sich zu erhalten. Als solche Macht erfasst sich das Ich ausdrücklich in seinem Wissen von sich; es hat nicht nur diese Macht, es bezieht sich auch auf sich in reflektierter Weise mit dieser seiner Macht, und indem es sich ausdrücklich festhält, wächst ihm das bewusste Wollen der Selbstbehauptung zu gegenüber allem Äusseren und aller Einwirkung, die es von dem Äusseren erfährt. Das Ich unterscheidet sich in seinem Wissen und Wollen von aller Bestimmtheit, die es an sich erlebt, und vermag aus seiner Singularität heraus sich in seiner Reflexion über jeden zeitlichen Moment zu erheben und in seine reine Form wieder einzukehren. Die Macht der Selbstbehauptung wird hier zu dem Vermögen, in der Einzelheit seines Daseins das Allgemeine, in seiner Besonderheit den reinen Gattungs-Charakter, in seiner Zufälligkeit das Typische und Ideale an sich auszuprägen. Die Erhaltung der Form im unendlichen Wechsel des Geschehens, des Erlebens und Erleidens stellt sich im Ich dar als die Einkehr in die Vernunft, als das Herausbilden und Festhalten des Allgemeingiltigen mitten in der konkreten Einzelheit der Individualität, die ebensowohl von der unendlichen Anlage als von dem geschichtlichen Zufall der unvergleichlichen und unersetzlichen Besonderung zeugt. Indem das Ich sich als allgemeines festhält und die Allgemeingiltigkeit seines Wesens mehr und mehr realisiert, erfüllt es seinen Beruf, alles was auf niederen Stufen des Daseins in der Welt als Übereinstimmung der Wirklichkeit mit dem Begriffe gefunden wird, in sich im höchsten und vollkommensten Sinne so zu steigern, dass im Ich das Zeitliche zum Ewigen wird, dass sein Wollen zu sittlichem Schaffen unter dem Gesichtspunkte der freien Selbstentschliessung, seine Phantasie-Thätigkeit zur Erzeugung der reinen Formen, sein Denken zu selbstloser Hingebung an die Vernunft der Sache sich gestaltet.

Vom Ich aus und von dem, was wir in ihm als seine Thätigkeitsform und seine Vollendung vorfinden, muss das Verständnis der gesamten Welterscheinung gefunden werden. Das Ich ist das Lebendige auf höchster Stufe, damit die reinste Erscheinungsform des Begriffs. Dem Ich nächst verwandt ist alles Lebendige. Wie das Ich bewahrt alles Lebendige seine Vergangenheit mit allem Erlebnis, aller Erfahrung und allem Erleiden in sich und hat daran sein Gedächtnis, seine Einheit und Identität. Im Lebendigen ist das Ewige über allen Zeitverlauf hinaus als ein wirklich Vorhandenes da und zeigt sich uns in der beharrenden Form, die in der Zeugung stetig sich erneuernd, stetig sie selber bleibt und das Geschehen immer wieder lenkt und regelt. Im Ich kennen wir die höchste Form solcher Lebendigkeit. Hier bietet sie sich uns dar als die stetige Selbsthervorbringung des Geistes mit allen seinen unabtrennbaren ewigen Formen; hier haben wir zugleich die vollendete Rückbeziehung auf sich als Wissen von sich, von seinem Ergehen und seinem Thun, seiner Vergangenheit und Gegenwart in dem im höchsten Sinne einheitlichen Wesen, das ganz in seinen Mittelpunkt versenkt alles zum

Umkreis Gehörige in dieser centralen Einheit seines Selbstbewusstseins sammelt.

Aber diese höchste und vollendetste Stufe ist von den niederen Stufen der Lebendigkeit doch nicht getrennt; vielmehr sie ruht auf ihnen und geht aus ihnen nicht bloss das eine oder das andere Mal, sondern stetig hervor. Die Stufenfolge dieses Aufsteigens von den niederen Stufen der Lebendigkeit zu der höchsten ergiebt die unendlich vielen Grade der Helligkeit und Dunkelheit des Selbstbewusstseins und damit des Bewusstseins überhaupt. Nicht auf einmal, nicht unvermittelt springt der höchste, reinste Grad des Bewusstseins hervor; nicht mühelos und kampflos als etwas Selbstverständliches wird er behauptet. Vielmehr in ihm ist die reichste, die mannigfaltigste, tiefgehendste Vermittlung, ist die stärkste Arbeit und ernsteste Anstrengung der Selbstbehauptung vorausgesetzt. Die obersten Stufen der Selbstverwirklichung werden deshalb selten überhaupt erreicht; Allgemeingiltigkeit der Anschauung, des Denkens und Wollens tritt in diese Welt wie ein seltener Gast durch Offenbarung und Eingebung, unter der Gunst der Anlage und der Bedingungen als die Erscheinung grosser typischer Persönlichkeiten hinein. Die Masse bleibt in der Vermittlung und den niederen Stufen stecken bis an die Grenze des Tierischen und Pflanzlichen heran. Geist ist überall die Krone der Entwicklung, der Abschluss eines unendlich mannigfaltigen Geschehens, das sich nicht bloss einmal, das sich stetig vollzieht. Darum ist Geist nicht wie ein ruhendes Ding, sondern wie ein lebendiger Prozess, als die höchste Spitze des Lebensvorganges selber zu betrachten. Geist ist auch nicht Sein als blosses Gesetztwerden, sondern stetiges thätiges Sichselbstsetzen.

Gehen wir vom Geist auf seine Voraussetzungen zurück, so finden wir sie zunächst in den verschiedenen Stufen und Formen des Bewusstseins. Gehen wir hinter diese zurück, so stossen wir, wenn wir ohne Voreingenommenheit den Thatsachen folgen, nicht etwa auf das Unbewusste, sondern immer nur auf das minder Bewusste. Von Bewusstsein sprechen wir erst, wo die wissende Reflexion des Wesens in sich einen gewissen höheren Grad der Helligkeit erreicht hat, und können dann verfolgen, wie innerhalb der Sphäre, die Bewusstsein heisst und doch noch nicht Geist im eigentlichen Sinne genannt werden darf, diese Helligkeit zunimmt bis dahin, wo dem Ich sein allgemeingiltiger Inhalt als gewusster aufgeht und wo es dadurch sich als Geist erfasst und Geist wird. Dem Bewusstsein als dem höheren Grade voraus liegen niedere Grade der Helligkeit, wie sie uns in dem Empfindungs- und Triebleben auch schon der Tiere entgegentreten. Wir nennen dies ganze Gebiet des minder Bewussten Seele und beziehen es auf einen Leib als dessen äusserliches Korrelat. Nun mögen wir die Äusserlichkeit, den ding-ähnlichen, materiellen Charakter des Leibes noch so sehr betonen: zwischen Leib und Seele den Bruch zu setzen, der zwischen Seele und Bewusstsein, zwischen Bewusstsein und Geist unzulässig ist, wäre in jedem Sinne verkehrt und beruhte einfach auf einem Denkfehler. Vielmehr gerade zwischen Leib und Seele ist das Band so eng, die Beziehung so innig, die Grenze so bis zur Ununterscheidbarkeit flüssig, dass hier offenbar erst recht nur von zwei Stadien in der Entwicklung eines und desselben Wesens gesprochen werden kann, das ebenso wie es Bewusstsein und Geist zu werden veranlagt und berufen ist, von vornherein Leib und Seele, beseelter Leib, verleiblichte Seele ist, so dass Seele und Leib nicht zeitlich aufeinander folgende und sich etwa ablösende, sondern stetig ineinander umschlagende Bestimmtheiten seines Lebensvorganges darstellen.

Man darf sich nur nicht verleiten lassen, mit der groben Befangenheit der gemeinen Anschauung unter dem Leibe die materielle Masse zu verstehen. Diese kann mit allen ihren einzelnen Bestandteilen kommen und gehen, der Leib wird dadurch nicht verändert. Der im Wechsel materieller Vorgänge identisch sich erhaltende Leib ist vielmehr eine bleibende und sich entwickelnde Form, ein Prinzip der Anordnung, ein System von Beziehungen, ein Ganzes teleologisch bestimmter Vorgänge, nimmermehr aber selbst ein Ding oder ding-ähnlich. Damit ist er durchaus seelenverwandt, und sein Unterschied von der Seele besteht darin, dass seine Äusserlichkeit nichts weiter als einen niederen Grad seelischer Innerlichkeit bedeutet, dass er als noch weniger Bewusstes die Vorstufe des höher Bewussten als der Seele bezeichnet, wie diese der ausdrücklichen Stufe des Bewusstseins, diese Bewusstseinssphäre aber dem Geiste vorangeht. Mein Leib ist die Gesamtheit aller der Prädispositionen, aller der aufgesammelten Kräfte und Fertigkeiten, durch welche es geschieht, dass ich gehen und klettern, Klavier spielen und einen Vortrag halten, eine eigene Abhandlung schreiben, eine fremde verstehen kann, soweit diese Kräfte und Fertigkeiten möglichst weit hinter meinem Bewusstsein zurückliegen. Alle diese Prädispositionen sind zugleich in der Seele gesetzt als Elemente meiner Innenwelt, und im Leibe gesetzt als Kraft und Grund, Prinzip und Ordnung materieller Vorgänge. Was dem Leibe angehört, das umfasst selbst wieder ein weites Bereich von Stufen werdender Innerlichkeit. Das Niedrigste am Leibe grenzt an das Unbewusste, wie die materielle Äusserlichkeit überhaupt daran angrenzt; das Höchste an ihm, wie wir es in seinen Centralteilen erfassen, geht unmittelbar in seelische Innerlichkeit über. Was wir in äusserlicher Gegenständlichkeit in den kortikalen Schichten der Hemisphären des grossen Gehirns vor uns haben mit der Verflochtenheit ihrer Elementarteile und den Leitungen und Bahnen zwischen ihnen, mit allen den Coordinationen, die als völlig eingeübt und fertig ein dauernder Bestandteil des Organismus, typisch für die Gattung oder singulär für das Individuum geworden sind, das ist ganz dasselbe, was uns in anderer Form als das System der Triebe, Gebärden und Instinkte entgegentritt, nur dort als verflochten mit der Äusserlichkeit materiellen räumlichen Daseins, hier als aus der räumlichen Erscheinungsform umgewandelt zu Bestimmtheiten der Innerlichkeit, wie sie zeitlich sich ausbreitet, zeitlich verläuft und sich im Zeitverlaufe in sich einheitlich zur Identität des Wesens sammelt.

Was mit dem Leibe eigentlich gemeint ist, das ist also das einheitliche Subjekt, das auf höchster Stufe sich als Geist bewährt. Der Leib ist Voraussetzung dieses einheitlichen Subjekts, der Inbegriff der äusseren Bedingungen für seine Herausbildung, nicht als ihm fremd, sondern als ihm selber immanent, als seine organische Vorstufe, als des Geistes eigene Aussenwelt, aus der sich der Geist stetig zurückgewinnt; alle sonstige Äusserlichkeit aber, die gesamte gegenständliche Welt überhaupt, fliesst dem

Geiste zu vermittelst seines Leibes, der in allseitigem Zusammenhange mit allen Elementen dieser gegenständlichen Welt ebenso auf sie wirkt, wie er Einwirkungen von ihr empfängt. Im letzten Grunde hat der Geist seinen Leib an der gesamten Aussenwelt, deren höchstes Gebilde der organisierte menschliche Leib ist. Was in diesem Leibe einheitlich gesammelt ist in engster wechselseitiger organischer Beziehung, das ist in der Aussenwelt zerspreitet und auseinandergelegt, gewissermassen eine Verlängerung und Erweiterung des Leibes zu einem System von Bedingungen für die Herausbildung des Geistes, und damit zugleich ein einheitliches, von Zweckbeziehungen allseitig durchwirktes Universum.

IX.

Der leibliche Organismus, der die Voraussetzung des zum Geiste veranlagten Subjektes, seine unterste Entwicklungsstufe ist, ist nicht bloss hier und da, in diesem oder jenem Teile, sondern durch und durch organisiert. Alles an ihm vom Grössten zum Kleinsten ist Glied, und das blosse Aggregat äusserlich verbundener Teile wird nirgends an ihm gefunden, auch nicht im kleinsten Umfang, wenn auch Wert und Bedeutung der Glieder für die centrale Einheit und die Form und Selbsterhaltung des Ganzen eine unendlich abgestufte ist. Das Element des Organismus ist selbst organisiert, die in geschlossener Form als Einheit sich erhaltende, wachsende und zeugende Zelle, die wie ihre eigene Form und eigene Geschichte so auch ihr eigenes Gedächtnis und ihre eigene Innerlichkeit hat. Undenkbar, dass sich dieser Elementar-Organismus einfinde in einer ihm völlig fremdartigen Welt, sich bilde aus Teilen und Vorgängen, die seiner Natur völlig unangemessen wären, seinen Lebensprozess fortsetze und unterhalte mit totem Stoff, der ganz ohne eigene Form, rein mechanisch bewegt, starre Äusserlichkeit wäre. Eine Welt, in der das Organische nicht bloss zufällig vorkommt, sondern als die regelmässige, selbstverständliche Erscheinung, in der das Lebendige leben und zeugen, die Gattung sich fortpflanzen, das Organisierte sich zum Ich, zum Geiste entwickeln und der Geist denkend, dichtend, handelnd seine Innerlichkeit und Freiheit äussern, das Äussere mit seinem Stempel prägen kann, — eine solche Welt ist selber organisch, nicht bloss hier und da, sondern durchgängig, und nicht bloss so, dass sie das Organische zu ertragen oder zu erzeugen und zu ernähren vermag wie einen seltsamen Spezialfall im weiten Umkreis ihrer Erscheinung, oder dass sie auf das Organische von vornherein veranlagt und abgemessen ist, sondern vielmehr so, dass es schlechthin Unorganisches, schlechthin Formloses, Seelenloses, solches was schlechthin ohne Innerlichkeit und Bewusstsein wäre, in ihr nicht geben kann, an keiner Stelle ihres Umkreises geben kann. In dieser Welt, in der wir leben, die die Heimat unseres Geistes ist, zu der wir als Bestandteile gehören, die das Objekt unseres denkenden, fühlenden, wollenden Bewusstseins bildet, kann das Unorganische immer nur bedeuten minder Organisiertes, das Äusserliche minder Innerliches, die Materie minder Geformtes, das Tote minder Lebendiges, das Sinnliche minder Geistiges, und die Fülle ihrer Erscheinungen muss sich gliedern lassen in Reihen und Gruppen nach den unendlichen Stufen der Organisiertheit, Lebendigkeit und Beseeltheit von der niedersten bis zur höchsten.

In der That, so betrachten alle denkenden Menschen das Objekt, wie wir es auch nennen mögen: Natur, Welt, Universum; nur wenn sie sich über ihre Weltbetrachtung Rechenschaft ablegen, ihre Gedanken ausdrücken sollen, dann vergreifen sie sich und lassen sie sich durch die falschen Analogieen ihres sinnlichen Bewusstseins verführen. Niemand vermag etwas zu denken, was selbst ohne Form, ohne Qualität, ohne Kraft wäre, etwas worauf nur gewirkt würde, ohne dass es mitwirkte, etwas was nicht bliebe, was es ist, was sich nicht im Wechsel des Geschehens zu erhalten vermöchte, etwas, wofür das Vergangene schlechthin vorüber wäre ohne jede Art von Gegenwärtigkeit. Wo aber irgendwie die eigene Form und der Bestand in dieser Form, wo irgendwie Einheit und Geschlossenheit, bestimmte Eigenheit und bestimmter Unterschied als bleibend und sich behauptend gegeben ist, da ist auch Ähnlichkeit und Verwandtschaft mit der organisierten Zelle in näherem oder fernerem Grade gegeben. Nun ist aber das Chaos nirgends. Diese Welt, in der wir leben und die der Gegenstand unserer geistigen Thätigkeiten, die äussere Bedingung und Voraussetzung unseres geistigen Lebens ist, zeigt überall begriffliche Bestimmtheit. Wir erwarten sie von ihr, und nirgends werden wir in unserer Erwartung getäuscht. Wir halten sie für erkennbar und treten mit dieser Erwartung an sie heran; wir können nicht anders, weil ein entgegengesetztes Verhalten sich selber aufheben, in den Unsinn umschlagen würde, erkennen zu wollen oder erkannt zu haben, dass sich nichts erkennen lässt. Die erkennbare Welt aber muss unserem Denken entgegenkommen durch ihren eigenen Gedankengehalt. Diesen bringt sie uns entgegen in Prinzipien und Konsequenzen, Gründen und Folgen, Gesetzen, Kräften, Formen, die sich erhalten, die den Bestand der Welt dauernd ausmachen, die neben, mit, durch einander bestehen und in ihrem Zusammenwirken in einheitlicher Harmonie das grosse Gewebe des organisierten sinnlich-geistigen Universums stetig herstellen. Denn in diesem Universum besteht nur, was sich mit allem anderen verträgt, was nicht durch den allumfassenden Zusammenhang der Wesen ausgeschlossen ist, was die Bedingungen und Voraussetzungen seines Bestandes in der Gesamtheit aller übrigen Wesen und aller übrigen Vorgänge hat.

Organisiertheit, Beseeltheit, Leben — das ist also keineswegs ein Fremdling in der uns umgebenden Welt der Wirklichkeit, zu der ja auch wir gehören, kein Spezialfall, kein zufälliges Gebilde, das auch fehlen könnte, ohne dass die Welt aufhörte, sie selbst zu sein; sondern wir haben daran das eigenste Wesen der wirklichen Welt selber, das sich dem unbefangenen Sinne leicht erschliesst und nur der vorurteilsvollen Verblendung verborgen bleibt. Leben, Beseelung, bestimmte Form ist in der wirklichen Welt überall die eigentliche Wirklichkeit, und die Unterschiede zwischen den Gruppen der Wesen sind Unterschiede des Grades in der Stufenfolge des allverbreiteten Lebens. Und so steht die äussere Welt in tiefer Harmonie mit dem organisierten Leibe, der des Geistes eigene Aussenwelt und zugleich seine Voraussetzung und die niederste Stufe seiner Entwicklung bildet. Der Leib ist, wie die Welt auch ist. Die unendliche Abstufung der Grade der Organisiertheit, Beseeltheit und Innerlichkeit kehrt in ihm wieder wie in einem konzentrierten Auszug. Der Leib ist der Spiegel der Welt, die Welt der auseinander gelegte Leib. Im Menschen, in dem die Organisiertheit sich bis zum Hervorgange des Geistes steigert, sind alle Elemente der Welt versammelt; in ihm erscheint verwirklicht, was die Welt an sich ist. Der Mensch ist der Mikrokosmos.

Und nun wird sich Ernst damit machen lassen, dass die Welt nach Analogie des Menschen zu denken sei. Freilich, sie anders zu denken, ist so wie so unmöglich. Denn aus sich und seinen Gedanken herauszukommen, kann ja doch in keinem Falle gelingen. Wer die Welt als ein äusserliches Aggregat toter, nur mechanisch bewegter Dinge denkt, der denkt sie so doch auch nur, weil er dem eingebornen Zuge seines Denkens folgt und darin die Notwendigkeit, dass so gedacht werden müsse, meint nachweisen zu können. Im Grunde aber denkt er die Welt als tot, weil er sich auch selbst für tot hält dem Wesen nach und nur durch Zufall für lebendig. Vollzöge er den Begriff der Lebendigkeit und Geistigkeit, die jedem Denkenden die erste und nächste, die grundlegende Thatsache sein sollte, so würde er auf dieselbe Gedankenreihe kommen müssen, die wir eben darzulegen versucht haben. Die starre tote Dinglichkeit einer seelenlosen Materie existiert nirgends in der Welt; sie ist nirgends nachweisbar, nirgends eine gegebene Thatsache. Sie wird angenommen verständigerweise als eine Hypothese zu methodischen Zwecken behufs der Vereinfachung der Aufgabe; behauptet wird sie dogmatisch nur durch den gröbsten Denkfehler und durch das Vorurteil, das sich Empirismus nennt, weil es sich von keiner Erfahrung, keiner Thatsache, keiner Art der Widerlegung überführen zu lassen unerschütterlich entschlossen bleibt. Nach der Analogie dieser willkürlich, künstlich entseelten äusseren Dinglichkeit dann auch den Menschen, seinen Geist, sein Bewusstsein, seine Seele, ja auch nur seinen Leib verstehen zu wollen, muss dann, wenn es nicht bloss vorläufig, bloss zum Behuf der Veranschaulichung oder der Vereinfachung dient, sondern ganz ernsthaft für die bare Wirklichkeit der Sache ausgegeben wird, zu den ungeheuerlichsten Irrtümern und zur völligen Verwilderung des Denkens führen, wie wir es ja heutzutage so oft zu beobachten reichlichste Gelegenheit haben.

Der menschliche Leib, so sehen wir, ist eine ganze Welt für sich und ein Gleichnis und Auszug des Universums. Seine

Elemente sind selbst wieder Organismen mit eigener Form und eigenem Leben. Aber eben deshalb sind diese Elementar-Organismen oder lebendigen Zellen nicht für sich abgeschlossen, sondern stehen in stetiger Beziehung zu einander. Sie schliessen sich zusammen zu Systemen mit einer neuen, einer höheren Einheit, in der doch die relative Selbständigkeit der Einzelzelle ebenso gewahrt bleibt, wie sie sich zugleich als dienendes Glied in das System einreiht. Das Zellen-System tritt dann wiederum als Glied unter eine neue höhere Einheit, und es wiederholt sich an ihm, was von der Einzel-Zelle gilt. So baut sich System auf System; jedes höhere hat das niedere zur Voraussetzung und erhebt sich über das niedere vermittelst der ihm von diesem zugeführten Kräfte. Je höher sich diese aufsteigende Reihe sich übereinander türmender Systeme erhebt, desto mächtiger bethätigt sich in jedem dieser Systeme die Einheits-Funktion, die es zum Ganzen zusammenhält. Immer gewaltiger werden die Differenzen, immer ernster die Spannung zwischen der unerschöpflichen Vielheit der Elemente, immer siegreicher die Kraft, die sie der Einheit des Ganzen unterwirft. Aber ins Unendliche und Unbestimmte vermag sich die organisierte Form am allerwenigsten zu verlaufen. Ein höchster Abschluss krönt die Bewegung und wird damit der Weiser an der Uhr, der den Sinn und Zweck des ganzen Apparats klar macht. In demselben Masse, wie die sich übereinander aufbauenden Systeme an Spannung der Gegensätze und Kraft des Zusammenhalts gewinnen, steigt zugleich die Bedeutung und der Wert jedes dieser Einzelsysteme für die höchsten Funktionen des obersten Gipfels, des Systems der Systeme, mit dem diese ganze Stufenleiter in eine letzte Einheit ausläuft. An niedrigster Stelle stehende Systeme üben Funktionen, die noch nahe an mechanische Äusserlichkeit angrenzen; je höher wir in dieser Reihe aufsteigen, desto sicherer und deutlicher treten die Analogieen seelischer Innerlichkeit hervor. So geht es aufwärts vom System der Knochen und der Bänder zum Muskel- und Gefäss-System, bis zuletzt zum Central-Nerven-System, den motorischen und sensorischen Central-Organen und der Hirnrinde als dem Organ der obersten Einheits-Funktion des Selbstbewusstseins. Und was wir hier auf dem engen Gebiete des einheitlichen Menschenleibes an Unterschieden und Graden der Organisation zur Einheit des Trägers geistigen Lebens zusammengefasst vorfinden, das zeigt sich uns auseinandergelegt draussen in dem weiten Umfange des Universums als die Reihenfolge der Organisationsstufen, die sich zu der Fülle selbständiger Gebilde ausbreitet, vom Tierreich hinab zum Pflanzenreiche und weiter zu den mit dem niedrigsten Grade der Lebendigkeit ausgestatteten Dingen. Wie die Differenzierung der Organe, so nimmt die Macht der Einheits-Funktion in dieser absteigenden Reihe stetig ab. Die in sich geschlossene Form verliert immer weiter an Bedeutung, und die Innerlichkeit der Selbstbewegung aus dem Triebe des in einem beherrschenden Centrum gesammelten Systems der Kräfte verschwindet bis an die Grenze, wo das Minimum der Lebendigkeit uns gestattet, den Zusammenhang als einen nur noch mechanischen zu konstruieren und von dem unendlich schwachen Abglanze, in den die stetig abnehmende Macht der Organisiertheit schliesslich ausläuft, abzusehen als von einer für das Resultat nicht mehr in Betracht kommenden Grösse.

X.

Wo schlechthin keinerlei Art und keinerlei Grad der Organisation wäre, da gäbe es auch in keinem Sinne ein Gedächtnis; da wäre alle Identität des sich im zeitlichen Wechsel seiner Zustände erhaltenden Wesens ausgeschlossen. Erst wo wir die lebendige Zelle vor uns haben, da haben wir auch die Möglichkeit, von Gedächtnis zu sprechen. Denn die Zelle bleibt ein Wesen für sich, ein in sich geschlossenes Eines, nach allen Seiten hin unterschieden und abgegrenzt, mit seiner eigentümlichen Form und seinen eigentümlichen Lebensprozessen. Jetzt wird es klar sein, mit welchem Rechte wir sagen durften: die Zelle erst hat eine Geschichte, weil ihre Vergangenheit für sie nicht vorüber ist, sondern ihre Gegenwart das einheitliche Ergebnis ist alles dessen, was jemals mit ihr, an ihr und in ihr vorgegangen ist. Daraus ergeben sich die entscheidenden Kennzeichen für das innere Leben der Zelle. Wir erinnern an das oben Ausgeführte. Ihre bestimmte Form schreibt der Zelle auch ihre Anlage vor, den Umfang dessen was sie zu werden vermag, und jede auf sie geübte Einwirkung wird durch diese ihre eigene bleibende Natur modifiziert. Sie bleibt unter allen diesen Einwirkungen eben das was sie war, und ihre Anlage kann sie nicht durchbrechen. Aber sie verändert sich fortwährend und ist im nächsten Augenblick doch nicht mehr ganz so wie sie vorher war. Offen für den Verkehr mit allen anderen Wesen empfängt sie Eindrücke von allen Seiten her; jeder empfangene Eindruck verleiht ihr in dem alten Rahmen ihrer Anlage eine neue Bestimmtheit, und diese Bestimmtheit ist ein bleibender Erwerb ihres Lebensprozesses. Dem neuen Eindruck also bietet sie sich nicht mehr ganz ebenso dar, wie dem alten. Die Intensität oder die Richtung ihrer Kraft hat sich durch den alten Eindruck geändert. Sie ist elastisch genug, um sich dieser Veränderung gegenüber in ihrer Identität mit sich zu behaupten, aber auch reich genug an Anlagen, um in dieser ihrer wesentlichen Identität immer neuen Veränderungen zugänglich zu sein. Jedes Erlebnis hinterlässt in ihr seine Spur, und die wiederholten Erlebnisse von gleicher Art und Richtung führen zu einer Vertiefung und Verstärkung dieser Spuren, die das Wesen immer entschiedener bestimmt, immer einseitiger in einer Richtung befestigt. Denn in dieser begrifflich geordneten Welt, wo das ganz Singuläre nicht gefunden wird, wo das Allgemeine der Gattung wie des Gesetzes alle Wirklichkeit beherrscht und alle Variation nur an diesem Allgemeinen und innerhalb des Umkreises auftritt, den es vermöge seiner Natur offen lässt, da ist die Zelle selber in diesem Sinne ein Individuelles und Gattungsmässiges, und ebenso individuell und gattungsmässig ist jegliches Ding, das auf sie wirkt, jegliche Wirkung, die auf sie geübt wird. Das Erlebnis bleibt nie vereinzelt; es wiederholt sich das Gleiche und sein Eindruck. Leben ist deshalb ein immer entschiedener hervortretendes, fortwährend sich steigerndes Gewöhnen. Die sich vertiefenden Spuren der im Lebensprozess sich wiederholenden Geschicke verleihen unausbleiblich dem Lebendigen eine feste Bestimmtheit wie eine zweite Natur, die doch nur eine Determination der ersten Natur als der ursprünglichen Anlage ist. Leben ist insofern gar nichts anderes als das Gewöhntwerden und sich Gewöhnen, und in dieser Gewöhnung besteht das, was man die Entwicklung des Lebendigen nennen darf. Der empfangene Eindruck hat das Lebendige dem wiederkehrenden Eindruck gegenüber gekräftigt, es abgestumpft; die vollzogene Gegenwirkung hat ihm die erneuerte Gegenwirkung erleichtert, seine Fertigkeit vermehrt. Damit erweist sich das Leben als eine beständige Verstärkung der Innerlichkeit und Selbständigkeit gegenüber der äusseren Einwirkung; es liegt im Leben selber eine Kraft der Befreiung, weil Leben und Übung untrennbar verbunden sind. Das Lebendige lernt unablässig, indem es Vergangenes in sich aufhäuft; alles Erlebnis wird ihm zur Bereicherung seines Inhalts gerade dadurch, dass es sich bei zunehmender Fülle des Inhalts in seiner Form behauptet und seine Einheit fest bewahrt.

Die lebendige Zelle aber ist doch nicht die Gattung, das Allgemeine selbst, sondern nur ein Individuelles, Gattungsmässiges. Ihre Kraft der Selbsterhaltung in dieser ihrer Individualität ist endlich und vergänglich; dafür hat sie Zeugungskraft, und wie sie in sich wächst und sich ernährt, so wächst sie über sich hinaus und entlässt aus sich ein Bild ihrer selbst, ein Wesen von gleicher Art und gleicher Form und Anlage. In dem Gezeugten kehrt sie wieder, nicht ohne Abwandelung, aber mit überwiegender Ähnlichkeit, und der Erwerb ihres Lebensprozesses, der Ertrag ihrer Gewöhnung und Übung hilft die neue Natur und Anlage dieses ihres Ebenbildes bestimmen im Zusammenwirken mit dem Typus der Gattung. Zeugung ist Vererbung nicht bloss des Gattungscharakters, sondern auch der individuellen Züge. Aber diese Vererbung hat verschiedene Grade je nach dem Reichtum der Erlebnisse, nach dem Masse des Lernens, dessen das lebendige Wesen seiner Natur und Anlage gemäss fähig ist. Die Stufenleiter der Organisiertheit, der Differenzierung der Organe, der Mächtigkeit der Einheitsfunktion ergiebt auch eine Stufenleiter des Vermögens, innerhalb der Grenzen der ursprünglichen Anlage zu erwerben und zu vererben. Auf den niederen Stufen überwiegt darum die Gleichheit des gattungsmässigen Typus durch alle Folge der Generationen; je höher wir heransteigen, desto entschiedener bereichert sich in der Aufeinanderfolge der Zeugungen die sich erhaltende Gattung mit dem Erwerbe und Reichtum der vorangegangenen Geschlechter.

Die Zelle zeugt, das heisst, sie stirbt nicht ganz. Nicht bloss ihre Form überdauert sie in der ihr ähnlichen gezeugten Zelle, sondern selbst von dem materiellen Substrate ihres Gerüstes besteht ein Teil fort in der Reihe ihrer Nachkommen, sei es auch in immer weiter gehender Zerteilung. Denn irgendwie muss Kraft und Trieb zur Herausbildung der gleichen Form an ein stoffliches Substrat sei es auch von äusserster Feinheit gebunden sein. Irgendwie bringt noch nach einer unausdenkbaren Reihe von Generationen jedes Lebendige seine gesamte Ahnenreihe mit allen ihren Erlebnissen wieder als ein Stück der unmittelbar vorhandenen Wirklichkeit, und selbst in seinem materiellen Substrat ist die entfernteste Vergangenheit mit einem Reste von unvergänglicher Art erhalten.

In alledem nun ist das Ich, wie wir es als die erste und ursprünglichste aller Thatsachen kennen, allem Lebendigen gleichartig; aber dem Grade nach erscheint im Ich dies Gemeinsame als die höchste Steigerung dessen, was die Eigentümlichkeit des Lebens überhaupt ausmacht. Von der elementaren Zelle bis zum Ich, sozusagen der höchsten Verwirklichung dessen, was in der Zellenform als solcher schon gesetzt ist, führt ohne Bruch oder Sprung eine kontinuierliche Reihe nächst aneinander grenzender Stufen empor. Wer den Dualismus von Leib und Seele in irgend einem Masse, irgend einer Weise zulässt, der hat von vornherein das Ganze verfehlt. Das eben ist die Aufgabe, über den sinnlichen Schein des unvermittelten Gegensatzes hinauszuheben; aber diese völlig berechtigte Tendenz würde zum gröbsten Missverständnis führen, wollte man das zunächst sich am deutlichsten Aufdrängende, die sinnlich materielle Erscheinung selber, für das Ganze gelten lassen. Wer nicht im Sinnlichen schon das Übersinnliche zu ergreifen vermag, der verschliesst sich jede Erklärung und jedes Verständnis der Welterscheinung. Eben in diesem Leibe des Todes das Ich selber wiederzuerkennen, nur auf seiner niedrigsten Entwicklungsstufe, das ist die unumgängliche Voraussetzung, um dem voreiligen Verzicht auf alle Wissenschaft, um dem geistesträgen Unkenrufe des Ignoramus et Ignorabimus und dem Herunterziehen aller wertvollen Geistesgüter der Menschheit in den Tod der nur mechanisch bewegten, tauben und stummen Materie zu entgehen.

Was von der lebendigen Zelle gilt, das gilt alles vom Ich im höchsten Sinne. Wie es unter allen Wesen das am meisten in sich geschlossene, in centraler Einheit gesammelte ist, so steht es auch in der reichsten Beziehung zu den anderen Wesen. Indem es die machtvollste Thätigkeit ist, sich in der Einheit mit sich zu erhalten, bewahrt es auch am sichersten all sein Erlebnis als seinen Schatz in sich, und intensiver als jedem anderen Wesen ist ihm seine Vergangenheit gegenwärtig. Was in allem Lebendigen als Gewöhnung und Übung, als Abstumpfung und Fertigkeit mit dem Leben selbst gegeben ist, das erscheint hier in seiner ausgeprägtesten Gestalt und seiner grössten Fülle. Der unendlich gesteigerte Reichtum der Anlage und des Vermögens lässt auch ein unendlich gesteigertes Lernen und Erwerben zu, und die ursprüngliche Kraft setzt eine unabsehbare Entwicklung und Steigerung von Kräften. Wenn schon von der elementaren Zelle gesagt werden darf, dass sie nicht stirbt, dass sie in der Reihe der Generationen mit einer Spur und einem Reste vorhanden bleibt, so gilt es von dem Ich in unendlich höherem Sinne, so viel höher und geschlossener die Form des Ich ist als jede andere im Reiche der Organismen. Das Ich ist zugleich die reinste und allgemeinste Verwirklichung des Begriffs und das umfassendste Gefäss für die Unendlichkeit singulärer Bestimmungen. Indem es sich in der Reihenfolge der Zeugungen wiederholt, giebt es der abstraktesten Form den konkretesten Inhalt, und mächtiger als irgendwo bezeugt sich am Ich das Phänomen der Vererbung. Im Ich steigert sich die individuelle Bestimmtheit des Für-sich-seins und sich auf sich Beziehens zur Klarheit des Wissens von sich und seinem Objekt und zur Freiheit des Wollens. Damit wird der Erwerb im Lebensprozesse ausdrücklich festgehalten und ausdrücklich übertragen, nicht bloss auf organischem Wege, sondern in der höheren Form des Bewusstseins. Zum Lernen kommt ein ausdrückliches Lehren, zum Geübt- und Gewöhnt-werden ein ausdrückliches Üben und Gewöhnen; die sich eben dadurch steigernde Befreiung und Herrschaft über das Objekt ergiebt die Erzeugung eines Systems von Mitteln, um in sinnlichen Zeichen allen geistigen Erwerb von Geschlecht zu Geschlecht zu überliefern. Daraus gestaltet sich der innigste Zusammenhang zwischen Gegenwart und Vergangenheit auf dem

Wege der **Erziehung.** Schon dem leiblichen Substrate nach, weit mehr noch der geistigen Kraft und Anlage nach ist jeder Mensch im höchsten Sinne der Erbe der gesamten Vergangenheit des menschlichen Geschlechtes. Mit allem seinem geistigen Besitze und Vermögen weist er auf die Reihenfolge der Ahnen hin, in die er sich als ein mitwirkendes Glied an dem grossen Gesamt-Organismus einreiht. Durch und durch historisches Produkt aller Thaten und Leiden der Vorfahren, und damit das Resultat aller vorangegangenen Weltprozesse überhaupt, ist der Mensch das geschichtliche Wesen im höchsten Sinne des Wortes. Gerade dadurch steht er an der Spitze aller organischen Wesen, dass für ihn das Vergangene nicht vergangen, dass es in ihm und für ihn konserviert, dass er dadurch in der Zeit über die Zeit erhaben ist und mitten in der Singularität der Gegenwart über sie hinausgerückt ist in das Zeitlose, wo ihn die ewigen Güter des Geistes trotz ihrer nachweisbaren zeitlichen Genesis als der reine Ausdruck seines geistigen Wesens in unverwelklicher Frische umblühen.

XI.

Für alles, was organisch ist, ist dies das bezeichnendste Merkmal: das Lebendige hat nicht nur Gedächtnis, wie es auch anderes hat, sondern es ist das daseiende Gedächtnis selber. Seine eigenste Natur ist die Identität mit sich und die bestimmte Form, die sich im Wechsel des Geschehens behauptet, und in dieser Einheit seines Wesens bewahrt es sich die Fülle seiner Erlebnisse und Erfahrungen als die zu singulärer Bestimmtheit gewordenen und in seiner Einheit aufgehobenen, mit ihr völlig verschmolzenen Modifikationen seiner ursprünglichen Anlage. Darum ist am Organischen das Gedächtnis selbstverständlich; das Rätsel liegt im Vergessen.

Wie man gemeinhin vom Gedächtnis spricht, so hat man gerade diese Erscheinung vor Augen, dass dem Lebendigen, und an höchster Stelle dem sich und sein Objekt wissenden Subjekt, doch nicht alle seine vergangenen Erlebnisse in gleichem Sinne und Masse präsent sind, dass das meiste wie in einen Abgrund versenkt ist und nur einzelnes zu mühelosem Gebrauche in jedem Augenblicke zur Verfügung steht. Für die gewöhnliche Anschauung ist darum gerade das Vergessen das Selbstverständliche, und das Gedächtnis erscheint als ein auffallendes besonderes Vermögen mit unendlich verschiedenen Graden der Kraft und unendlich verschiedenen Richtungen seiner Wirkungsweise.

Wir haben vom Gedächtnis von vornherein in einem anderen, weit umfassenderen Sinne gesprochen. Aber das eben bezeichnete Phänomen liegt doch nicht ausserhalb des von uns umschriebenen Gebietes; es fällt vielmehr in dasselbe hinein als eine besondere Äusserungsform des allgemeinen Grundvermögens alles Organischen. Hier handelt es sich um Erscheinungsformen, die uns bei den Wesen von höchster Organisationsstufe, und insbesondere beim Menschen begegnen. Haben wir bisher vom Gedächtnis im allgemeinsten Sinne gesprochen, so müssen wir jetzt die verschiedenen Arten des Gedächtnisses unterscheiden. Denn es giebt offenbar so viele Arten des Gedächtnisses, als es wesentlich verschiedene Formen der organischen Thätigkeit giebt. Da ist insbesondere ein leibliches und ein seelisches, ein Bewusstseins- und ein Geistes-Gedächtnis. Eignet das leibliche Gedächtnis allem Organischen, so kommt das seelische Gedächtnis nur dem Organischen von höherer Stufe zu, bei dem die reicher entwickelte Innerlichkeit von einer Seele zu sprechen die Berechtigung verleiht; ebenso engt sich dann weiter das Gebiet für das Vorkommen des Bewusstseins- und noch mehr für das des Geistes-Gedächtnisses ein. Wie sich das Gedächtnis weiter für die Unterabteilungen innerhalb jedes dieser umfassenderen Gebiete verzweigt, vermag die Sprache nicht mehr ohne besendere terminologische Nachhilfe auszudrücken. Mit den geläufigen Wörtern: Gewöhnung, Übung, Fertigkeit, Gedächtnis selber, müssen wir auf den verschiedensten Gebieten haushalten, wobei dann nur die gemeinsamen Züge, nicht die charakteristischen Unterschiede vor das Bewusstsein treten. Wenn man von einem Zellen-Gedächtnis und sogar von einem Gedächtnis der unorganischen Materie spricht, so geschieht es mit relativem Recht, sobald man sich bewusst bleibt, dass man damit einem verallgemeinernden Sprachgebrauche folgt, wie wir ihn ja auch für angemessen gehalten haben. Hier gilt es nun zu betonen, dass die niederen Formen des Gedächtnisses, das Gedächtnis der niederen Organisationsstufe, die Voraussetzung bilden für die höheren und für die höchste Form, dass jene in dieser konserviert sind, diese sich auf jenen auferbaut, und dass das Verständnis der höchsten Form erreicht werden muss durch die Betrachtung der niederen, in der das allgemeine Wesen des Gedächtnisses sich dem aufmerksamen Beobachter am unmittelbarsten und einfachsten darbietet.

Gerade so wie das Empfindungs-, das Trieb- und Gebärden-Gedächtnis, der Instinkt, die Übung, die Fertigkeit, wie alle seelische Gewöhnung überhaupt auf dem organisch leiblichen Gedächtnis beruht, gerade so gilt es auch von der Gewöhnung des Bewusstseins, der Selbst-Anschauung und Objekts-Anschauung, und gerade so auch von dem geistigen Gedächtnis, wie es sich zuletzt an die Sprache und die sprachlichen Gebilde anknüpft. Was überhaupt in uns als fertiger Inhalt erscheint, das ist irgendwie auch schon als leibliche Bestimmtheit vorhanden. Was in der Seele der Tiere als Triebgewöhnung im Instinkt erscheint, das ist im Leibe des Tieres vorhanden als ein System stehend gewordener, zum Bestandteil des leiblichen Organismus befestigter Reflexe. Und was an höchster Stelle als geläufige, eingeübte, selbstverständliche Begriffs- und Gedankenverknüpfung das geistige Leben bestimmt, das stellt sich leiblich dar als gewohnheitsmässige Leichtigkeit der Leitungen zwischen den Elementarteilen des obersten Central-Organs. So lässt sich gar nichts dagegen einwenden, dass auch die höchsten Grundformen des geistigen Lebens in gewissem Sinne sich als geschichtlicher Erwerb des Lebensprozesses der Menschheit, als eine Frucht des Gedächtnisses darstellen, wenn man nur darüber nicht vergessen wollte, dass diese Frucht keine zufällige, dieser Erwerb kein blinder und unvorhergesehener ist, der ebensowohl auch fehlen oder ganz anders beschaffen sein könnte. Das wäre wieder ein Gedanke, der sich selbst aufheben würde. Denn ist dieser Gedanke durch Denkformen gewonnen, die an sich nur zufällige Gewöhnung ohne innere Notwendigkeit sind, so ist auch der Gedanke völlig wertlos, und ebenso wertlos ist alle Wissenschaft, die ja auf dieselben Denkformen angewiesen bleibt. So kann man im Ernste gar nicht sprechen. Die Denkformen verlieren durch die Art, wie sie durch Gewöhnung und Gedächtnis zu selbstverständlichem Gehalte des Geistes werden, nichts weder an ihrer ewigen Notwendigkeit, noch an ihrem streng apriorischen Charakter. Die Gewöhnung ist eben eine Gewöhnung des Geistes, der darin seine Form behauptet, seine Identität mit sich bewahrt, und die Frucht seines Erlernens und Erwerbens ist eben das, was in seiner Anlage vorausgegeben und mit ihm selbst gesetzt war. Denn der Geist ist die Spitze alles Organischen. Er kann niemals aus sich heraus, nur immer tiefer in sich hinein gelangen.

Der Unterschied zwischen den verschiedenen Formen, in denen das Gedächtnis auf den verschiedenen Stufen der organischen Funktion sich darstellt, liegt in den Graden der Klarheit und Helligkeit, in der das Wesen sich seines Inhaltes zu bemächtigen vermag. Verschwinden kann keine Bestimmung, die jemals das organische Wesen betroffen hat; immer geht sie in den Gesamtzustand als Moment desselben ein und bleibt in ihm aufbewahrt, eine unaufhebbare Umgestaltung des ursprünglich Gegebenen. Aber in diesem Gesamtzustande, den sie hat bilden und bestimmen helfen, ist sie zunächst mit allem anderen organisch verschmolzen und als einzelne nicht mehr nachzuweisen oder nicht mehr wirksam. Sie befindet sich damit in einem Zustande der Latenz; dieser ist es, den man das Vergessensein nennt. Messen wir an der vollen Klarheit wissender Reflexion, so dauert im Organischen auf der leiblichen Daseinsstufe zwar die gesamte Vergangenheit fort, aber in unbewusster Weise. Nicht bloss für uns ist die leibliche Veränderung nicht nachweisbar, sondern an und für sich ist das leibliche Erlebnis in der Gesamtheit des leiblichen Zustandes aufgehoben, was ja ebensogut heissen kann konserviert als überwunden. Der kontinuierliche Strom der Lebensprozesse ergiebt den einheitlichen Gesamtzustand des gegebenen Moments und einen unaufhörlichen Wechsel dieses Zustandes mit jedem unendlich kleinen Zeitteilchen. Die Gesamtveränderung lässt sich nach Ablauf längerer Perioden mit Bestimmtheit bezeichnen; die identische Grundform giebt sich immer noch als solche zu erkennen, aber mit Modifikationen, für die es wieder einen im ganzen und grossen typischen Verlauf giebt, der doch unendlichen Abwandlungen offen bleibt. Wir erkennen den Menschen leiblich auch nach Jahrzehnten wieder, wir erschliessen die Zahl seiner Jahre; denn im grossen und ganzen ergiebt der gleiche Zeitverlauf auch die gleichartige Veränderung. Aber die einzelnen Lebensmomente lassen sich in dieser Gesamtveränderung nicht mehr unterscheiden. Das leibliche Gedächtnis erweist sich so als ein unausgesetztes, kontinuierliches Vergessen, als ein stetiger Übergang aus der Aktualität in die Latenz, aus der das einzelne als solches nie wieder herausgehoben werden kann.

In ähnlicher Weise vergisst auch noch die Seele; aber hier ist doch schon der Latenzzustand nicht definitiv. Innerlichkeit von höherem Grade ist nicht ohne Erinnerung. Für die Seele existiert ihre vergangene Bestimmtheit, wenn auch nicht als isolierte, so doch als isolierbare fort. Oder genauer, nicht der vergangene seelische Zustand kann wiederkehren, — denn der ist schlechthin vorüber, — aber wohl ein anderer von gleichem Inhalt, und dies aus dem eigenen erworbenen Schatze der Seele. Nicht bloss eine allgemeine Gewöhnung und Stimmung ist in der Seele der Niederschlag ihrer Vergangenheit, sondern auch schon ein Vermögen der Reproduktion, wenn auch nur erst in dumpfster Form und auf niederster Stufe der Entwicklung. Damit liefert das seelische Empfindungs- und Trieb-Leben für jede höhere Bethätigung der Innerlichkeit das Material und die Bedingung.

Noch entschiedener tritt dies auf der höheren Stufe der Innerlichkeit hervor, die wir die Bewusstseins-Stufe nennen. Die klarere Sonderung von Subjekt und Objekt auf dieser Stufe lässt dem Subjekt auch den einzelnen Vorgang seiner Innerlichkeit als sein Objekt gegenübertreten. Das Subjekt unterscheidet sich und seine reine abstrakte Form wie von seinem jedesmaligen Gesamtzustand, so auch von jeder einzelnen seiner Bewusstseinserscheinungen, und hat eben deshalb eine hellere und reinere Erinnerung von dem einzelnen, was in seinem Gesamtzustande als Moment aufbewahrt ist.

Die ganze Bewegung vollendet sich auf der höchsten, der Geistesstufe des organischen Lebens. Mit dem grössten Helligkeitsgrade der Reflexion in sich verbindet sich die sicherste Unterscheidung und die festeste Bestimmtheit in dem Erfassen des Inhalts der eigenen Innerlichkeit. Hier ist am energischsten die chaotische Unbestimmtheit getilgt und ausgeschlossen, die den niederen Stufen in irgend welchem Masse noch anhängt. Im Fühlen, Denken, Wollen erfasst der Geist jedesmal bestimmten Inhalt, und wie der kontinuierliche Zeitverlauf sich für den urteilenden Geist in diskrete Zeitmomente zerlegt, so wandelt sich ihm der kontinuierliche Strom des psychischen Geschehens in begrifflich gesonderte, wohl unterschiedene und in sich geschlossene Einheiten, die jedesmal den Vordergrund der Innerlichkeit einnehmen: ein Gefühl, eine Vorstellung, ein Willensakt. So ist im Geiste das eine jedesmal aktuell, alles andere latent. Das Unbewusste liegt überall dahinter und darunter, und aus diesem Unbewussten holt sich der sondernde und bestimmende Geist das Material, das er zu seinen Gebilden verwendet. Hier wird die Reproduktion des Vergangenen, das als solches vergessen, als solches aufgehoben und in den Gesamtzustand eingegangen ist, zu der freien That des sich Besinnens. Der Geist erarbeitet sich das in Latenz Versunkene zurück je nach seinem Bedürfnis und seinem Interesse; er befestigt in sich das, was für ihn Wert hat, mit angestrengter Aufmerksamkeit und verschärft dessen Spuren, um das, was seinen Zwecken dient, zu jeder Zeit frei emporrufen zu können; an der Hand der vom Geiste gebildeten sinnlichen Zeichen prägt er dem Leibe, der Seele und dem Bewusstsein die vollkommene Herrschaft über die geistigen Gebilde als eine mechanische Fertigkeit ein, vermöge deren auf den geistigen Antrieb nur das erste Glied emporgerufen zu werden braucht, um auch alle anderen Glieder in rechter Folge nacheinander in das volle helle Licht des Geistes treten zu lassen. Die Befestigung der Coordinationen in den leiblichen Leitungsbahnen unter immer weiter fortschreitender Ausschaltung der Hemmungen; die Fülle der seelischen Associationen, die zu einer zweiten Natur angewöhnt werden; die zu unmittelbarem Selbstgefühl und Objektsgefühl verschmolzenen, völlig geläufigen und die Eigentümlichkeit der Person festlegenden Rekognitionen und Reproduktionen des Bewusstseins: dieses alles sind die Voraussetzungen und Elemente, auf denen sich das geistige Gedächtnis aufbaut mit seiner Tendenz auf allgemeingiltigen, vernünftigen Gehalt in der Form des Gefühls, der Phantasie, des Verstandes und des Willens.

Damit mag der Begriff und das Wesen des Gedächtnisses in seinen äussersten Umrissen bezeichnet sein. In die einzelnen Gedächtnis-Erscheinungen näher einzugehen, ist nicht dieses Ortes. Was aus diesen Erörterungen als ihr hauptsächlichstes Resultat hervorgehen sollte, lässt sich kurz so bezeichnen: Das Geistesleben mit seinen Vorbedingungen und Vorstufen ist der eigentliche Inhalt aller Welt-Erscheinung. Der Geist selber ist das ewige Gedächtnis der Dinge. Im Geiste sind sie aufbewahrt in einer höheren Form als in der sie an sich sind, und damit gerade in ihrer idealen Wahrheit. Das sinnlich-geistige Universum ist der Inbegriff aller verschiedenen Stufen des Gedächtnisses von der niedersten, an das formlose Auseinandersein des räumlich Ausgedehnten angrenzenden Dinglichkeit bis hinauf zur freien Selbsterzeugung des sich und seinen Inhalt thätig festhaltenden Geistes. Die Welt ist in der Unendlichkeit ihrer Erscheinungen ein in sich Einiges und Geschlossenes durch das Gedächtnis; das Vergangene ist gegenwärtig und wird immer sein. Der stetig strömende Fluss der Zeit vernichtet nicht, sondern hebt in ideeller Weise auf, was dereinst war und sich bewegte; denn im Gedächtnis ist alles aufbewahrt. Wie es nur durch das Gedächtnis einen Satz und eine Rede giebt, so auch nur durch jenes eine Welt und eine Weltgeschichte. Gedächtnis ist zuhöchst im Geiste und ist der Geist selber; darum ist die Welt Geist und alle ihre Erscheinung Geistes-Erscheinung und Geistes-Geschichte. Der letzte Grund aber aller dieser erscheinenden Vielheit mit der Gestaltenfülle ihrer Entwicklung ist die ewige Selbsterhaltung und Selbsterzeugung der absoluten Idee. Das Denken folgt ihren Spuren, indem es nach seinem eingeborenen Triebe die Welt der Vielheit und grenzenlosen Veränderung zur abstrakten Einheit der Substanz bindet, indem es weiter in der unendlichen Erscheinungsreihe das einheitliche Wesen als den bildenden Grund festhält, und indem es endlich unter dem Schema des Begriffs in der Vielheit der Formen, der Zwecke und Typen die bunt bewegte Welt als die Stufenfolge der Entwicklung begreift, in der die Idee ihre Momente auseinanderlegt und verwirklicht. Das sich selbst wissende, wollende, offenbarende Absolute ist zuletzt das einzige, was von Menschen erkannt und gewusst werden kann; denn es ist die letzte Wurzel aller Organisation, alles Lebens, aller Beseeltheit, alles Bewusstseins, aller Geistesthat, und was erkannt wird, wird in ihm erkannt. Aus ihm fliesst, was im Denken erfasst wird als der eigentliche Gehalt der Welt-Erscheinung: die Bestimmtheit, die Identität und damit auch das Gedächtnis.

Zeitfracht Medien GmbH
Ferdinand-Jühlke-Straße 7
99095 Erfurt, Deutschland
produktsicherheit@kolibri360.de